LES VRAIS PRINCIPES DE LA LECTURE, DE L'ORTHOGRAPHE ET DE LA PRONONCIATION FRANÇOISE,

Suivis de différentes Piéces de Lecture propres à donner des notions simples & faciles sur toutes les parties de nos connoissances.

Ouvrage utile aux Enfans, qu'il conduit par dégrés de l'Alphabet à la connoissance des régles de la Prononciation, de l'Orthographe, de la Ponctuation, de la Grammaire & de la Prosodie Françoise : principalement destiné aux Etrangers auxquels on s'est proposé d'abréger l'Etude de notre Prononciation, par une suite de Tableaux rangés par ordre alphabétique, dans lesquels on a écrit à côté de chaque mot la maniére dont il doit être prononcé.

Par M. VIARD, de l'Académie des Enfans.

A PARIS,

Chez
- NYON, Libraire, Quai des Augustins.
- AUMONT, Libraire, Place Mazarine.
- BROCAS & HUMBLOT, Libraires, rue S. Jacques.
- GUILLYN, Libraire, Quai des Augustins.
- DESSAINT-JUNIOR, Libraire, Quai des Augustins.
- VALLAT LA CHAPELLE, Libraire, au Palais, sur le Perron de la Sainte Chapelle.
- PANCKOUCKE, Libraire, rue de la Comédie Françoise.

M. DCC. LXIV.

Avec Approbation & Privilége du Roi.

ANALYSE
DE CE PETIT OUVRAGE.

L'Objet de cette Analyse est premièrement de rendre compte de l'ordre & de la méthode qu'on a suivis ; secondement, de mettre sous les yeux une infinité de procédés sur la Lecture & l'Ortographe : tous éprouvés par une longue expérience.

LA dénomination qu'on donne ici aux Consonnes n'est point une nouveauté ; elle est établie depuis long-tems par la Grammaire de Port-Royal, & plusieurs autres bons Ouvrages de ce genre ; c'est aujourd'hui un systême suivi dans les meilleures Ecoles. Toute l'opération consiste à simplifier les sons, & à ne point faire épeler ; c'est le seul moyen d'en rendre l'assemblage sensible aux Enfans ; ainsi on a mis à côté de chaque Consonne de l'Alpha-

la Consonne, & tantôt avant la même Consonne, autant qu'il a été possible de le faire.

Les sons précédens, & les mots de deux syllabes préparent à cet exercice ; il faut le diviser en Leçons comme celles qui ont précedé.

Les pages 12, 13, 14 *&* 15 *sont composées de mots plus difficiles, en ce que la plûpart des sons sont formés, les uns de plusieurs Consonnes sans Voyelles, les autres de Voyelles & de Consonnes, & les autres de simples Voyelles ; mais il n'y aura pas grande difficulté pour un Enfant lorsqu'il aura été bien exercé sur la première colonne de la page* 12, *dont il faut lui faire bien prononcer chaque son sans en décomposer les lettres ; ensuite les lui faire appliquer sur chacune des cinq Voyelles qui commence chaque colonne, d'abord en suivant l'ordre de ce tableau horisontalement, c'est-à-dire l'ordre des* *cinq Voyelles ; & ensuite perpendiculairement, c'est-à-dire en faisant parcourir chaque colonne de haut en bas, & de bas en haut, sans s'assujettir à l'ordre du tableau déterminé par l'ordre des Voyelles.*

Les pages 16, 17, 18, 19 *&* 20 *présentent une suite de mots monosyllabes suivant l'ordre Alphabétique : on y en a fait entrer le plus qu'il a été possible, sans trop s'attacher au sens, parce que les Enfans ont toujours beaucoup de peine à bien lire ces sortes de mots.*

On a encore séparé la Consonne simple ou double de la Voyelle, afin que les Enfans en saisissent mieux l'ensemble & le résultat, en les rapprochant eux-mêmes.

Pour les accoûtumer à lire hardiment deux mots Monosyllabes à la fois, on a raproché les mêmes Monosyllabes depuis la page 20 *jusqu'à la page* 23 *; cet exercice prépare à quelques petites Lectures en*

Monosyllabes qui se trouvent ensuite, & dont l'Enfant se tirera parfaitement s'il a été bien exercé sur les deux tables de Monosyllabes : ces petits triomphes allument le courage des Enfans, & il ne faut jamais manquer à leur en préparer.

On sçait par expérience que les sons composés qui terminent les différens tems des Verbes, embarrassent longtems les Enfans; pour y remédier, les pages 24, 25, 26 & 27 *présentent une suite de Verbes de deux, de trois & de quatre syllabes, suivant l'ordre Alphabétique, où l'on a rapproché les terminaisons* ent & ant, oit & oient, *parce que les Enfans les confondent ordinairement : si on a soin de les bien exercer sur ces différentes terminaisous, ils n'y trouveront plus aucune difficulté dans la suite.*

Les deux pages 28 & 29 *contiennent une suite de petites phrâses où l'on a rapproché le Verbe du mot qui n'est point Verbe, pour faire comprendre aux Enfans que les trois lettres* ent, *se prononcent comme un* e *muet à la fin d'un Verbe, & que ces trois lettres se prononcent toutes à la fin de tous les autres mots.*

A la page 30 commencent les premières Lectures suivies dans les deux caractères Romain & Italique.

On a crû devoir présenter d'abord aux Enfans les Prières qu'ils doivent sçavoir avant toutes choses, & qu'on ne sçauroit trop-tôt leur apprendre, mais jamais par routine, comme on le fait ordinairement ; l'unique moyen de les leur apprendre promptement est de les leur faire lire & relire jusqu'à ce qu'ils les sçachent passablement par cœur : on les a mises d'un côté à sons liés, parce que la première opération prépare à la seconde, & qu'il faut toujours suivre ce procédé, jusqu'à ce que les Enfans soient fermes sur la Lecture.

A la page 38 commencent plusieurs pièces de Lecture intéressantes, qu'il faut faire lire avec les mêmes précautions que les précédentes, & faire apprendre par cœur, pour commencer à exercer la mémoire.

S'il se trouve quelqu'Enfant qui ne sçache point encore assez bien lire après ces différentes opérations, il ne faut pas aller plus loin, parce que les règles & opérations qui commencent à la page 48 ne sont destinées qu'à perfectionner la Lecture, & donner aux Enfans les premières idées de l'Ortographe & de la Prononciation. Il n'y a alors d'autre parti à prendre que de faire recommencer à l'Enfant tardif les élémens de Lecture qu'il a déja vûs, simples ou composés, suivant que les premiers essais auront plus ou moins réussi.

Depuis la page 46 jusqu'à la page 64 se trouve une suite de Voyelles & de Consonnes, simples & composées, toujours ſuivant l'ordre Alphabétique, avec des Exemples qui rendent familière la différente Prononciation de ces Voyelles ou Conſonnes.

Ce tableau, qui n'eſt encore qu'ébauché, préſente ſenſiblement les premiers élémens de notre Ortographe, & de la Prononciation. Il faut faire lire cette partie avec le plus grand ſoin, & y revenir plus d'une fois : le plus sûr moyen ſeroit de la faire écrire dès que les Enfans ſont en état de le faire.

La page 65 préſente un autre petit tableau de chiffres Romains & Arabes, depuis un *juſqu'à* mille *; c'eſt encore l'affaire de la main, ſoit au crayon, ſoit à la plume. Il faut donner de bonne heure ces petites Notions aux Enfans pour les initier au calcul & à la numération.*

On trouve aux pages 66, 67 *&* 68 *l'explication des Abbréviations qui ſe ren-*

contrent ſouvent dans les Livres, & dans les Gazettes, pour épargner aux Enfans la petite mortification de s'y trouver arrêtés quand elles ſe préſentent.

Depuis la page 69 juſqu'à la page 93, on trouve une ſuite de Pièces de Lecture très-interreſſantes ſuivant l'ordre alphabétique. On a eu pour objet de donner aux Enfans de ſimples notions relativement aux Arts, aux Sciences, à la Religion, à la guerre, au Commerce, & généralement à tout ce dont il eſt néceſſaire & agréable d'avoir quelques idées nettes & préciſes.

Il ſeroit important pour un Enfant que le Maître s'arrêtât avec lui à conſidérer chacun de ces differens objets, & à le retourner, pour ainſi dire, ſous ſes yeux; ce ſont autant de germes qui, jettés adroitement dans l'eſprit, ſont bien propres à l'enrichir, & à lui donner de la fécondité.

Les premiers élémens de la Grammaire

Françoise peuvent aussi servir de Lecture aux Enfans ; c'est le moyen de leur en donner une première idée, sans qu'il leur en coûte beaucoup de peine ; la mémoire se charge facilement de ce qu'on a lû plusieurs fois ; ainsi après avoir fait lire un petit article à un Enfant, on peut commencer à lui en demander compte, & l'aider à l'entendre.

Il faut insensiblement lui faire connoître les huit parties du discours qui composent toute la Langue Françoise ; lui apprendre à décliner les Noms, conjuguer les Verbes, & bien distinguer celles de ces huit parties qui ne se déclinent ni ne se conjugent, telles que sont l'Adverbe, la Préposition, la Conjonction & l'Interjection : *ces petits élémens de Grammaire Françoise commencent à la page 93, & finissent à la page 124.*

La Ponctuation, c'est-à-dire la manière de placer les Points & les Virgules dans le discours imprimé, écrit, ou prononcé, a paru aussi valoir la peine d'être enseignée aux Enfans ; cet article fort court, commence à la page 124, & finit à la page 128.

Le petit Essai de Prosodie Françoise qui commence à la page 129, & finit à la page 149, peut servir beaucoup à former la prononciation des Enfans, sur-tout pour la Déclamation.

L'Allégorie de l'Oiseleur, qui commence à la page 250, est une Leçon ingénieuse que tous les Maîtres & Maîtresses d'éducation devroient sçavoir par cœur, pour se former eux-mêmes sur les règles qu'elle contient, & pour le bonheur des Enfans qui sont confiés à leurs soins.

On ne sçauroit mieux terminer ce petit Ouvrage que par le beau morceau de M. De Fénélon, Archevêque de Cambrai, *sur l'éducation. Heureux les Enfans qui le sçauront de bonne heure par cœur ; qui ne l'oublieront jamais ; & qui en feront la règle de leur conduite dans la Société.*

ALPHABETS

ALPHABETS

EN DIFFÉRENS CARACTERES.

Romain.		*Italique.*	*Capitales.*
a		*a*	A
b	*be*	*b*	B
c	*ce que*	*c*	C
d	*de*	*d*	D
e		*e*	E
f	*fe*	*f*	F
g	*ge gue*	*g*	G
h	*he*	*h*	H
i		*i*	I
j	*je*	*j*	J
k	*ke*	*k*	K
l	*le*	*l*	L
m	*me*	*m*	M
n	*ne*	*n*	N
o		*o*	O
p	*pe*	*p*	P
q	*que*	*q*	Q
r	*re*	*r*	R
ſ	*ſe ze*	*ſ*	S
t	*te ſi*	*t*	T
u		*u*	U
v	*ve*	*v*	V
x	*kſe gze*	*x*	X
y	*i ye*	*y*	Y
z	*ze*	*z*	Z

Division des Lettres.

Les Lettres ſe diviſent en Voyelles & en Conſonnes.

Il y a cinq Voyelles.

a. e. i. *ou* y. o. u.

Il y a dix-neuf Conſonnes.

b. c. d. f. g. h. j. k. l. m. n. p. q. r. ſ. t. v. x. z.

Alphabet renverſé.

z. y. x. u. v. t. ſ. r. q. p. o. n. m.
l. k. j. i. h. g. f. e. d. c. b. a.

Alphabet mêlé.

p. k. n. r. m. e. b. u. j. d. g. ſ.
z. q. l. h. c. i. a. f. x. o. t. y. v.

Alphabet en Capitales.

A. B. C. D. E. F. G. H. I. J. K. L. M.
N. O. P. Q. R. S. T. V. U. X. Y. Z.

Des accens.

´ ` ^ Il y a trois accens.

L'accent aigu (´), l'accent grave (`), & l'accent circonflexe (^).

Des trois ſortes d'e.

e é è Il y a trois ſortes d'e.

L'*e* muet, l'*e* fermé, l'*e* ouvert.

L'*e* muet eſt celui qui n'a point d'accent, (*e*).

L'*e* fermé eſt celui qui a un accent de droit à gauche : *c'eſt l'accent aigu*, (é).

L'*e* ouvert eſt celui qui a un accent de gauche à droit : *c'eſt l'accent grave*, (è).

A l'égard de l'accent circonflexe, il ſe forme des deux autres accens réunis & adoſſés, & ſe met ſur les cinq Voyelles lorſqu'elles ſe prononcent lentement, comme dans les mots, *âge*, *bête*, *file*, *dôme*, *muſe*, *&c.*

*Des deux ſortes d'*i.

Il y a deux ſortes d'*i*, l'*i* voyelle & l'*j* conſonne.

i. L'*i* voyelle ſe figure i.

j. L'*j* conſonne ſe figure j.

*Des deux ſortes d'*u.

Il y a deux ſortes d'*u*, l'*u* voyelle & l'*v* conſonne.

u. L'*u* voyelle ſe figure *u*.

v. L'*v* conſonne ſe figure *v*.

Les deux *j i* & les deux *v u* ſe trouvent dans le mot *Juive*.

Des Conſonnes qui ont un ſon double.

Il y a ſix conſonnes qui ont un ſon double, ce ſont c. g. h. ſ. t. x.

c. ſe prononce *ſ*. devant *e*, *i*, *Ciceron*; & ſe prononce *q*. devant *a*, *o*, *u*, *cave*, *côté*, *curé*.

g. ſe prononce *j*. devant *e*, *i*, *genouil*, *gibier*; & ſe prononce *g*. devant *a*, *o*, *u*, *gâteau*, *goſier*, *guenon*. Elle eſt *j*. & *g*. dans le mot *gage*.

h. ſe prononce du goſier dans *hâte*, *hêtre*, *hibou*, *hotte*, *hure*. alors on l'appelle *h*. aſpirée. Elle ne ſe prononce point du tout dans *habit*, *Hélene*, *hyver*, *hôte*, *huit*; alors on l'appelle *h*. non aſpirée.

ſ. ſe prononce *ſ*. au commencement des mots, *ſale*, *ſéve*, *ſire*, *ſole*, *ſuite*, & ſe prononce *z*. entre deux voyelles, *caſe*, *léſé*, *biſe*, *doſe*, *ruſe*, &c.

t. ſe prononce *t*. au commencement des mots, *taxe*, *tête*, *tige*, *tome*, *tube*, & ſe prononce *ſ*. dans *abbatial*, *ambitieux*, *ambition*, *captieux*, &c.

x. ſe prononce *ks*. dans *Alexandre*, *Alexis*, &c. & ſe prononce *gz*. dans *examen*, *exaucer*, *exemple*, &c.

Sons formés d'une Conſonne & d'une Voyelle.

Ba	be	bé	bè	bi	bo	bu
ca	ce	cé	cè	ci	co	cu
da	de	dé	dè	di	do	du
fa	fe	fé	fè	fi	fo	fu

---

ga	ge	gé	gè	gi	go	gu
ha	he	hé	hè	hi	ho	hu
ja	je	jé	jè	ji	jo	ju
la	le	lé	lè	li	lo	lu

---

ma	me	mé	mè	mi	mo	mu
na	ne	né	nè	ni	no	nu
pa	pe	pé	pè	pi	po	pu
qua	que	qué	què	qui	quo	quu

---

ra	re	ré	rè	ri	ro	ru
ſa	ſe	ſé	ſè	ſi	ſo	ſu
ta	te	té	tè	ti	to	tu
va	ve	vé	vè	vi	vo	vu

---

xa	xe	xé	xè	xi	xo	xu
ya	ye	yé	yè	yi	yo	yu
za	ze	zé	zè	zi	zo	zu

Mots de deux Syllabes formés des mêmes ſons.

Ba le, bê te, bî ſe, ho le, bu te,
ca ve, cê ne, ci re, cô ne, cu ve,
da me, de mi, dî me, dô me, du pe,
fa ce, fê lé, fî le, fo ré, fu té,

---

ga ge, gè ne, gî te, go be, gu é,
hâ le, hé re, hi re, hô te, hu re,
Ja va, Jé ſu, jo li, ju ge,
l'a me, l'é té, li me, lo ge, lu ne,

---

mâ le, mè re, mi ne, mo de, mu le,
na pe, né ge, Ni ce, no ce, nu ée,
pa pe, pè re, pi pe, pô le, pu ce,
qua ſi, quê te, Qui to, quo te,

---

ra ve, rê ve, ri me. ro be, ru ſe,
ſa le, ſé ve, ſi re, ſo le, ſu ze,
ta xe, tê te, ti ge, to me, tu be,
va ſe, ve lu, vi ce, vo lé, vû e,

Xa vi er, X er cès, Xi me nès,
y am be, y eux, y on, Y orck,
Za ï re, zé ro, Zé no bie, zô ne,

Sons formés d'une Voyelle & d'une Consonne.

Ab	eb	éb	èb	ib	ob	ub
ac	ec	éc	èc	ic	oc	uc
ad	ed	éd	èd	id	od	ud
af	ef	éf	èf	if	of	uf
ag	eg	ég	èg	ig	og	ug
al	el	él	èl	il	ol	ul
am	em	ém	èm	im	om	um
an	en	én	èn	in	on	un
ap	ep	ép	èp	ip	op	up
aq	eq	éq	èq	iq	oq	uq
ar	er	ér	èr	ir	or	ur
aſ	eſ	éſ	èſ	iſ	oſ	uſ
at	et	ét	èt	it	ot	ut
av	ev	év	èv	iv	ov	uv
ax	ex	éx	èx	ix	ox	ux
az	ez	éz	èz	iz	oz	uz

Mots de trois Syllabes formés des mêmes ſons.

Ab ba tu, é bè ne, o bo le,
ac cu ſé, é co le, oc cu pé,
ad mi ré, E di le, i do le,
af fu té, ef fa cé, of fi ce,

---

a ga cé, é ga ré, i gn ée,
al lu re, é lo ge, o li ve,
am bi gu, em ba lé, i ma ge,
an nu el, en ne mi, in vi té,

---

ap pe lé, é pi lé, o pé ra,
a qua ti que, é qui no xe, ,
ar rê té, er ro né, ir ri té,
aſ ſi du, eſ ti me, Iſ ma el,

At ta le, é to fe, u ti le,
a va re, é vi té, o va le,
a xi o me, ex ta ſe, I xi on,
A zi me, O zé e, O zi as,

Mots de quatre Syllabes, formés des sons précédens.

Ba di na ge,
ca pi ta le,
ac ti vi té,
da ri o le,
ad di ti on,
fa ci li té,
af fi na ge,
Ga ni me de,
ha bi tu de,
la ti tu de,
al li an ce,
ma gi ci en,
A ma zô ne,
na ti vi té,
a né an ti,
pa ci fi que,
a pa na ge,
ra ta ti né,
ar ti fi ce,
ſa ga ci té,
aſ ſo ci é,
ta ni è re,
at ti tu de,
va ca ti on,
a va ri ce,
e xa gô ne,

bé né fi ce,
cé lé ri té,
e co li er,
dé fi gu ré,
é di fi ce,
fé li ci té,
ef fi ca ce,
gé né ra le,
hé ro ï que,
lé ge re té,
el lé bo re,
mé de ci ne,
é mé ti que,
né ga ti ve,
en ne mi e,
pé le ri ne,
é pi ſo de,
ré vo lu ti on,
er ro né,
ſé cu ri té,
Eſ cu la pe,
té mé ri té,
é ta la ge,
vé ro ni que,
é va po ré,
e xé cu té,

bi ga ra de,
ci vi li té,
ic té ri que,
di vi ni té,
I du mé en,
fi dé li té,
I phi gé nie,
gi be ci é re,
Hi po li te,
li mo na de,
il lu ſi on,
mi né ra le,
im mé di at,
Ni co la i,
in dé fi ni,
pi ra mi de,
i pé ca cu a na
ri di cu le,
i ro ni e,
ſi mo ni e,
Iſ ſa ch ar,
ti mi di té,
I ta li e,
vi va ci té,
i vi ce,
e xi lé,

Mots de quatre Syllabes, formés des sons précedens.

bo ta ni que,	bu co li que,
co mé di en,	cu pi di té,
oc ca ſi on,	oc to go ne,
do ci li té,	du pe ri e,
o di eu ſe,	
fo li cu le,	fu ti li té,
of fi ci al,	
go ſi er,	gut tu ra le,
ho nê te té,	hu mi li té,
lo gi ci en,	lu na ti que,
o li vi er,	ul ce re,
mo no po le,	mu tu el le,
om brà ge,	um bi lic,
no va ti on,	nu mé ra le,
on da ti on,	u na ni me,
po li gô ne,	pu ri fi é,
o pi ni on,	
ro tu ri er,	ru ba ni er,
or to do xe,	ur ba ni té,
ſo li tu de,	ſu je ti on,
o ſi er,	u ſu ri er,
to pi que,	tu li pe,
Ot to ma ne,	u té ri ne,
vo la ti le,	vul ga te,
o va ti on,	
e xo de,	ex hu mé,

Il faut que l'Enfant ſache cette premiere colonne avant que de paſſer aux autres, qu'il lui faut faire lire par ſons détachés.

bl.	bl â me ,	bl ê me ,
br.	br a ve ,	br è ve ,
ch.	ch aſ ſe ,	ch ê ne ,
chr.	Chr am ne ,	Chr è me ,
cl.	cl a vi er ,	cl é men ce ,
cr.	cr a be ,	cr ê che ,
dr.	dr a pé ,	dr eſ ſé ,
fl.	fl a té ,	fl ê che ,
fr.	fr a cas ,	fr è re ,
phr.	phr a ſe ,	phr é né ſie ,
gl.	gl a ce ,	gl é be ,
gn.	I gn a ce ,	A gn ès ,
gr.	gr a pe ,	gr ê le ,
ph.	ph a re ,	ph é nix ,
phl.	phl é bo to mie ,	phl eg ma ti que ,
pl.	pl a ce ,	pl é ni er ,
pr.	pr a ti que ,	pr ê tre ,
rh.	rh a bil lé ,	Rh é t eur ,
ſç.	ſç a v ant ,	ſc ê ne ,
ſc.	Sc a ron ,	ſc a man dre ,
ſp.	ſp a d il le ,	ſp é ci fi que ,
ſt.	ſt a de ,	St é t in ,
th.	Th a lie ,	th ê me ,
thr.	Thr a ce ,	thr é ſor ,
tr.	tr a pe ,	tr è ve ,
vr.	i vr e ,	I v ri ,

La premiere de ces trois colonnes eſt formée de ſons composés de Conſonnes.

bl in de,	bl o qué,	bl u té,
br i sé,	br o dé,	br u ne,
ch i le,	ch o se,	ch u te,
Chr i sti ne,	chr o ni que,	chr u dim,
Cl i me ne,	cl o che,	Cl u ny,
cr i me,	cr o che,	cr u che,
dr i a de,	dr o le,	Dr u i de,
fl i pot,	fl o re,	fl û te,
fr i sé,	fr o té,	fr u gal,
Phr i gie,		
gl is sa de,	gl o be,	gl u ant,
di gn i té,	i gn o ré,	ro gn u re,
gr i ve,	gr o te,	gr u rie,
ph i si que,	ph os pho re,	
Pl i ne,	Pl om bé;	pl u me,
pr i me,	pr ô ne,	pr u ne,
Rh in,	Rh ô ne,	rh u me,
Sc i am,	sc is sion,	sc i u re,
sc ot,	sc or pi on,	Sc u de ri,
spi ra le,	sp on dé e,	
	st o r ax,	st u pi de;
th im,	Th o mas,	Th u ci dide,
	thr ô ne,	
Tr i po li,	tr o pe,	tr u fe,
	i vr o gne,	

bl an ch ir,	bl eſ ſu re,	bl in da ge,
br aſ ſe rie,	Br eſ ſe,	br im ba le,
ch ar ni er,	Ch er ſo nè ſe,	ch iſ fo né,
cl aſ ſi que,	cl er gé,	cl iſ tè re,
cr am po né,	cr eſ ſè le,	cr iſ le,
dr ag me,	Dr eſ de,	dr il le,
fl a te rie,	fl eu ret te,	fl ic fl ac,
fr an chir,	fr é qu en ce,	fr ic ti on,
gl an du le,	gl et te,	gl iſ ſa de,
i g na re,	in di gn e,	di gn i té,
gr aſ ſé yer,	Gr e na de,	gr i ot te,
ph an tô me,	Ph é ni cie,	ph il tre,
pl ai do yé,	pl é ni tu de,	pl iſ ſu re,
pr ag ma ti que,	pr en dr e,	pr in ci pa le,
Rha da mante,	Rh é to ri que,	Rh i no cé ros,
ſc an da le,	ſc è ne,	ſc i a ge,
ſp a tu le,	ſp ec ta cl e,	ſp i ri tu el,
ſt an ce,	ſt er lin,	ſt i gm a tes,
tr an quil le,	tr en ti é me,	tr iſ t eſ ſe,

bl on di ne,	bl u et te,
br on ſé,	br uſ que rie,
ch o co la,	ch u te,
cl o ch et te,	Cl u ni ſte,
cr oſ ſe,	cr u ci fix,
dr o gue,	Dr u i de,
fl o ta ge,	fl u xi on,
fr on de,	fr uſ tr é,
gl o bu le,	gl u ti na t if,
i gn o ré,	ro gn u re,
gr oſ ſe,	gr u ri e,
ph oſ pho re,	ph y ſi que,
pl on ge on,	pl u ma ge,
pr oſ cr it,	pr u d en ce,
rh o do mon ta de,	rh u ma tiſ me,
ſc or pi on,	ſc u dé ri,
ſp on ta né,	ſp u mo ſi té,
ſt o ma cal,	ſt u pi di té,
tr om pe rie,	tr u i te,

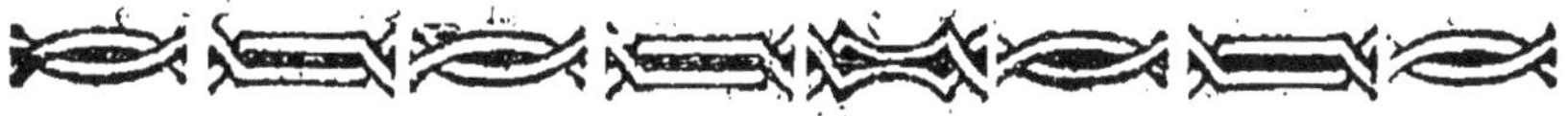

Monosyllabes qu'il faut faire lire d'abord par sons séparés, & ensuite tout d'un mot.

	ail	c - ail	cail	c - oup	coup
	air	C - aen	Caen	c - oût	coût
	ais	C - aux	Caux	c - our	cour
	ait	c - eux	ceux	c - ours	cours
	aient	c - eint	ceint	c - ourt	court
	au	c - iel	ciel	cr - aie	craie
	aux	c - ieux	cieux	cr - aint	craint
	août	cl - aie	claie	cr - eux	creux
		cl - air	clair	cr - oix	croix
b - ail	bail	cl - ou	clou	cr - ois	crois
b - ain	bain	cl - oud	cloud	cr - oit	croit
b - eau	beau	cl - oux	cloux	cr - ue	crue
b - eaux	beaux	ch - air	chair	cu - ir	cuir
b - aux	baux	ch - aud	chaud	cu - it	cuit
b - euf	beuf	ch - aux	chaux		
b - eufs	beufs	ch - œur	chœur	d - ain	dain
bl - eu	bleu	c - œur	cœur	d - ais	dais
b - ien	bien	ch - ien	chien	d - eux	deux
b - iais	biais	ch - ou	chou	d - euil	deuil
b - oue	boue	ch - oux	choux	D - ieu	Dieu
b - oue	boue	ch - oix	choix	d - ieux	dieux
b - ois	bois	ch - oir	choir	d - ois	dois
b - ourg	bourg	ch - ois	chois	d - oit	doit
b - out	bout	c - oin	coin	d-oigts	doigts
br - uit	bruit	c - oing	coing	d' - où	d'où
b - uis	buis	c - ou	cou	d - oux	doux

dr - oit	droit	f - ouet	fouet		
dr - ue	drue	f - oux	foux	j' - ai	j'ai
Dr-eux	Dreux	f - our	four	j' - aie	j'aie
		fr - ais	frais	J - ean	Jean
	eau	fr - ein	frein	j - eu	jeu
	eaux	fr - oid	froid	j' - eus	j'eus
	eu	fr - uit	fruit	j - eux	jeux
	eus	fr - uits	fruits	j - oie	joie
	eut	fu - ir	fuir	j - ouet	jouet
	eux	f - uis	fuis	j - ouets	jouets
	œil	fu - it	fuit	j - ouer	jouer
	œuf			j - oue	joue
	œufs	g - ai	gai	j - ouent	jouent
		g - ain	gain	j - oug	joug
f - aut	faut	ge - ai	geai	j - our	jour
f - aux	faux	gu - é	gué	j - ours	jours
f - aulx	faulx	gu - et	guet	J - uif	Juif
f - aim	faim	gu-eux	gueux	J - uifs	Juifs
f - ait	fait	g - oût	goût	J - uin	Juin
f - aits	faits	gr - ain	grain		
f - aix	faix	gr - ains	grains	l - aïc	laïc
f - aon	faon	gr - ais	grais	l - aid	laid
f - eu	feu	gr - ue	grue	l' - air	l'air
f - eux	feux	gr - oin	groin	l' - aie	l'aie
f - eint	feint			l' - eau	l'eau
f - ier	fier	h - aie	haie	L - eu	Leu
fl - eur	fleur	h - ait	hait	l - eur	leur
f - oi	foi	h - aut	haut	l - eurs	leurs
f - oie	foie	h - ier	hier	l - ie	lie
f - ois	fois	h - oue	houe	l - ien	lien
f - oix	foix	h - oux	houx	l - ient	lient
f - oin	foin	h - uit	huit	l - ieu	lieu

l - ieue	lieue	m - oi	moi	oui	
l - ieux	lieux	m - oins	moins	ouies	
l - oi	loi	m - ois	mois	oingt	
l - oin	loin	m - ou	mou	ouir	
l - oix	loix	m - oue	moue	ours	
l - oue	loue	m - uet	muet	———	
l - ouent	louent	m-uids	muids	p - ain	pain
l - oué	loué	———	———	p - ais	pais
L - ouis	Louis	n - ain	nain	p - aît	paît
l - oup	loup	n - eud	neud	p - aix	paix
l - oups	loups	n-œuds	nœuds	p - aïs	païs
l - ui	lui	n - euf	neuf	p - aïe	païe
l - ourd	lourd	n - eufs	neufs	p - air	pair
———	———	n - ie	nie	p - aon	paon
M - ai	Mai	n - ient	nient	P - aul	Paul
m - ail	mail	ni - ais	niais	p - eau	peau
m - ain	main	No - ël	Noël	p - eu	peu
m - ains	mains	n - oir	noir	p - eur	peur
m - ais	mais	n - oix	noix	p - eus	peus
M - aur	Maur	n - ouet	nouet	p - eut	peut
m - aux	maux	n - ous	nous	p - eint	peint
M-eaux	Meaux	n - uit	nuit	p - ie	pie
m - ien	mien	n - ue	nue	p - ied	pied
m-ieux	mieux	nu - ée	nuée	p - ieds	pieds
m - eus	meus	———	———	p - ieu	pieu
m - eut	meut		ois	p - ieux	pieux
m-eurs	meurs		oit	pl - aie	plaie
m-eurt	meurt		oient	pl - ais	plais
m-œurs	mœurs		oie	pl - aît	plaît
m - ien	mien		oies	pl-ains	plains
m - ie	mie		ouais	pl - aint	plaint
m - iel	miel		ou	pl - ein	plein

pl - ie	plie	r - aie	raie	ſ - oie	ſoie
pl - ient	plient	r - eins	reins	ſ - oin	ſoin
pl - eurs	pleurs	Rh - eims	Rheims	ſ - oir	ſoir
pl - eut	pleut	r - ien	rien	ſ - ois	ſois
pl - uie	pluie	R - oi	Ròi	ſ - oit	ſoit
p - oids	poids	r - oue	roue	ſ - oient	ſoient
p - ois	pois	r - oux	roux	ſ - oif	ſoif
p - oix	poix	R - ouen	Rouen	ſ - ourd	ſourd
p - oint	point	r - ouet	rouet	ſ - ous	ſous
p - oin	poin	r - ouer	rouer	ſ - uie	ſuie
p - oing	poing	r - ue	rue	ſ - uis	ſuis
p - oil	poil			ſ - uif	ſuif
p - oils	poils	ſ - aie	ſaie	ſ - uit	ſuit
p - oulx	poulx	ſ - ais	ſais		
pr - ie	prie	ſ - ain	ſain	t - aie	taie
pr - ient	prient	ſ - aint	ſaint	t - aut	taut
pr - oie	proie	ſ - ait	ſait	t - eint	teint
pr - oue	proue	ſ - auf	ſauf	t - ien	tien
p - uits	puits	ſ - aut	ſaut	t - ient	tient
		ſc - eau	ſceau	t - iens	tiens
qu - ai	quai	ſc - eaux	ſceaux	t - iers	tiers
qu - art	quart	ſ - ein	ſein	t - ous	tous
qu - and	quand	ſ - eing	ſeing	t - out	tout
qu - ant	quant	ſ - œur	ſœur	t - oux	toux
qu - el	quel	ſ - aoul	ſaoul	t - oit	toit
qu - eue	queue	ſ - eul	ſeul	tr - ain	train
qu - eux	qu'eux	ſ - euil	ſeuil	tr - ait	trait
qu' - il	qu'il	ſc - ie	ſcie	tr - aits	traits
qu - oi	quoi	ſc - ient	ſcient	tr - ois	trois
qu - int	quint	ſ - ien	ſien	T - roie	Troie
qu' - on	qu'on	ſc - ieux	ſcieux	t - our	tour
qu' - un	qu'un	ſ - oi	ſoi	T - ours	Tours

tr - ou	trou	v-œux	vœux	v - ois	vois
tr - oué	troué	veut	veut	v-oient	voient
tr - uie	truie	v - ie	vie	v - oit	voit
		v - ieil	vieil	vr - ai	vrai
v - aut	vaut	v-ieux	vieux	vr-aie	vraie
v - eau	veau	v-iens	viens	v - ue	vue
v-eaux	veaux	v - ien	vient	v - ues	vues
v - ain	vain	v - oie	voie		
v - air	vair	v - oix	voix	y - eux	yeux
v - œu	vœu	v - oir	voir		

Monosyllabes composés des mêmes Monosyllabes simples.

air fier,
ail leurs,
ait eu,
Août chaud,
au mieux,
aux cieux,
aient lieu,

bail leur,
bain froid,
beau jeu,
beaux yeux,
beuf noir,
bleu clair,
bien fait,
biai - ser,
bou quin,
bou eux,
bout-à-bout,
boiſ ſeau,
bou te feu,
bruit ſourd,
buis court,

cail lou,
ceint au tour,
ciel bleu,
cieux en feu,
claie de bois,
clou droit,
clair & frais,
chair crue,
chaud & froid,
chaux & craie,
chou fleur,
cœur de Roi,
chien fou,
coing cuit,
coup de feu,
cou teau,
cou cou,
coû de beuf,
cour te joie,
cours droit,
craie & chaud,
creux & plein,
croix de buis,
crois - moi,
cuir & chair,
cuit au four,
crue d'eau,

dais en l'air,
dain vieux,
deuil de cour,
deux-à-deux,
Dieu des dieux,
doigt au trou,
doigts courts,
doit tout,
doux au cœur,
droit & haut.

eau-de-vie,
eaux de S. Cloud,
eux & vous,
œufs frais,
œufs cuits,
œil de bœuf,

faux ſeing,
faim & ſoif,
fais bien,
faiſ ſceaux,
fait à tout,
faits au tour,
faix lourd,
feu de bois,
feux de nuit,
feint & faux,
fier & haut,
fleur & fruit,
foie de veau,
foi de Roi,
foin & grain,
fouet de cuir,
four chaud,
frais & gai,
frein doux,
froid noir,
fruits & fleurs,
fuir loin,

gai & gué,
geai noir,
guet à pied,
gueux à rouer.
grains & foins.
grue en l'air,
groin de truie.

haie de buis,
haut & fier,
hier au ſoir,
houx noueux,
houe de bois,
huis clos,
huit fois,

Jean & Louis,
jeu d'oie,
jeux de main,
j'eus hier,
joie au cœur,
jouet à jouer,
joue à joue,
jour & nuit,
joug & Juif,
Juin & Mai,

laid & fou,
laid chaud,
laie & loup,
l'air & l'eau,
lie & Leu,
lient tout,
lieux ſaints,
lieue loin,
loi & loix,
loin d'eux,
Louis trois,
loup & laie,
lui & vous,

Mai & Juin,
mail à jouer,
main te fois,
main tien,
mais au moins,
Maur & Louis,
maux de cœur,
meus & meut,
le mien le tien,
mieux fait,
mœurs, Meaux
meurs & meurt
mie de pain,
miel doux,
moi & eux,
mois d'Août,
moins bien,
mou leur,
muet & ſourd,
muids d'eau,

nain à pied,
neuf & trois,
nie & nient,
noir de peau,
Noël & Jean,

noue & nouent,
noué en deux,
nous & eux,
nuit & jour,
nue & nuée,

---

oit & oient,
oie & ouais,
oui & ouies,
oint & ſaint,
ouir & voir,
ours noir,

---

pain cuit,
paix de Dieu,
païs de Caux,
païe de Roi,
pair laïc,
paon en l'air,
peau de chien,
Paul & Louis,
peur à fuir,
peu à peu,
peint en beau,
pieu de bois,
pied à pied,
pied de Roi,
plaît à Dieu,
plaint de tous,
plein d'eau,
plie & plient,
poids & poix,
pois en fleur,
pleurs & pleut,
peut-on voir,
point du tout,
poing court,
poil roux,
plaie au cœur,
pluie en l'air,
prie Dieu,
prient tous,
proue à l'eau,
puits & ſceau,

---

quai neuf,
quart & quint,
quant & quand,
quel qu'il ſoit,
queue de loup,
quoi qu'il ait,
quint & quart,
qu'un y ſoit,
qu'on le lie,

---

raye & rayent,
raie & reins,
Rheims, Rouen,
rien en tout,
Rois des Rois,
roue & rouet,
roux & bleu,
Rouen, Rheims,
rouet & roue,
rue S. Louis,

ſain & ſauf,
Saint Leu,
ſaut en l'air,
ſceau du Roi,
ſeing & ſceaux,
ſein & ſaints,
ſœur de lait,
ſaoul de tout,
ſeul à ſeul,
ſeuil de bois,
ſcie à main,
ſcieux de bois,
le ſien, le mien,
ſoif & faim,
ſoi ſeul,
ſoin à tout,
ſoir & ſoie,
ſois à moi,
ſoit & ſoient,
ſourd à tout,
ſous la main,
ſuie en feu,
ſuit à pied,
ſuif neuf,
ſuis-moi,

---

taie à l'œil,
taut & toux,
teint en noir,
tient bien,

tout en haut,	trou & truie,	vie des Saints,
toit en feu,		viens & vient,
trait en trois,	vau rien,	vieux oingt,
traits de feu,	veau cuit,	voie de lait,
train de bois,	veaux noirs,	voir en haut,
trois à trois,	vain & fier,	voit le jour,
Troie & Tours,	vair & vieil,	vois & voient,
tour à tour,	vœux au ciel,	vrai & faux,
Tours & Troie,	veut & veux,	voix & vue,

Lecture en Monoſyllabes.

DIEU a fait le Ciel, & tout ce qu'on voit ſous les Cieux, tout ce qui eſt dans les eaux, & en tous lieux. Il a fait le jour & la nuit.

Dieu voit tout. Il voit le bien & le mal qu'on fait. Il voit tout ce qui eſt dans nos cœurs. Dieu fait tout ce qui lui plaît. Il a fait tout ce qui eſt dans les airs. Il tient tout les biens dans ſa main.

Dieu eſt le Roi des Rois, le Saint des Saints, le Dieu des Dieux; nos vœux & nos cœurs ſont ce qui lui plaît le mieux. Quand on a la foi, on croit tout ce qu'il a fait pour nous.

REGLE de prononciation pour les Verbes, & maniere de les connoître.

Mots de deux Syllabes.	*Mots de trois Syllabes.*	*Mots de quatre Syllabes.*
ai mer,	ab ba tre,	ac cou tu mer,
ai mant,	ab bat tant,	ac cou tu mant,
ai ment,	ab bat tent,	ac cou tu ment,
ai moit,	ab bat toit,	ac cou tu moit,
ai moient,	ab bat toient,	ac ou tu moient,
boi re,	ba len cer,	bal bu ti er,
bu vant,	ba len çant,	bal bu ti ant,
boi vent,	ba len cent,	bal bu ti ent,
bu voit,	ba len çoit,	bal bu ti oit,
bu voient,	ba len çoient,	bal bu ti oient,
chan ter,	châ ti er,	ca ra co ler,
chan tant,	châ ti ant,	ca ra co lant,
chan tent,	châ ti ent,	ca ra co lent,
chan toit,	châ ti oit,	ca ra co loit,
chan toient,	châ ti oient,	ca ra co loient,
don ner,	dé li vrer,	dé mé na ger,
don nant,	dé li vrant,	dé mé na geant,
don nent,	dé li vrent,	dé mé na gent,
don noit,	dé li vroit,	dé mé na geoit,
don noient,	dé li vroient,	dé mé na geoient
en fler,	ef fa cer,	é cha fau der,
en flant,	ef fa çant,	é cha fau dant,
en flent,	ef fa çent,	é cha fau dent,
en floit,	ef fa çoit,	é cha fau doit,
en floient,	ef fa çoient,	é cha fau doient,

Mots de deux Syllabes.	*Mots de trois Syllabes.*	*Mots de quatre Syllabes.*
for cer,	fri caſ ſer,	fan fa ron ner,
for çant,	fri caſ ſant,	fan fa ron nant,
for cent;	fri caſ ſent,	fan fa ron nent,
for çoit,	fri caſ ſoit,	fan fa ron noit,
for çoient,	fri caſ ſoient,	fan fa ron noient,
ga gner,	gour man der,	geſ ti cu ler,
ga gnant,	gour man dant,	geſ ti cu lant,
ga gnent,	gour man dent,	geſ ti cu lent,
ga gnoit,	gour man doit,	geſ ti cu loit,
ga gnoient,	gour man doient,	geſ ti cu loient,
ha cher,	ha bi ter,	her bo ri ſer,
ha chant,	ha bi tant,	her bo ri ſant,
ha chent,	ha bi tent,	her bo ri ſent,
ha choit,	ha bi toit,	her bo ri ſoit,
ha choient,	ha bi toient,	her bo ri ſoient,
jou er,	jar di ner,	juſ ti fi er,
jou ant,	jar di nant,	juſ ti fi ant,
jou ent,	jar di nent,	juſ ti fi ent,
jou oit,	jar di noit,	juſ ti fi oit,
jou oient,	jar di noient,	juſ ti fi oient,
lui re,	la bou rer,	lé gi ti mer,
lui ſant,	la bou rant,	lé gi ti mant,
lui ſent,	la bou rent,	lé gi ti ment,
lui ſoit,	la bou roit,	lé gi ti moit,
lui ſoient,	la bou roient,	lé gi ti moient,

Mots de deux Syllabes.	*Mots de trois Syllabes.*	*Mots de quatre Syllabes.*
man quer,	maſ ſa crer,	mor ti fi er,
man quant,	maſ ſa crant,	mor ti fi ant,
man quent,	maſ ſa crent,	mor ti fi ent,
man quoit,	maſ ſa croit,	mor ti fi oit,
man quoient,	maſ ſa croient,	mor ti fi oient,
na ger,	né to yer,	né go ci er,
na geant,	né to yant,	né go ci ant,
na gent,	né to yent,	né go ci ent,
na geoit,	né to yoit,	né go ci oit,
na geoient,	né to yoient,	né go ci oient,
ou vrir,	or don ner,	or ga ni ſer,
ou vrant,	or don nant,	or ga ni ſant,
ou vrent,	or don nent,	or ga ni ſent,
ou vroit,	or don noit,	or ga ni ſoit,
ou vroient,	or don noient,	or ga ni ſoient,
pein dre,	par cou rir,	phi lo ſo pher,
pein gnant,	par cou rant,	phi lo ſo phant,
pein gnent,	par cou rent,	phi lo ſo phent,
pein gnoit,	par cou roit,	phi lo ſo phoit,
pein gnoient,	par cou roient,	phi lo ſo phoient,
quit ter,	que rel ler,	queſ ti on ner,
quit tant,	que rel lant,	queſ ti on nant,
quit tent,	que rel lent,	queſ ti on nent,
quit toit,	que rel loit,	queſ ti on noit,
quit toient,	que rel loient,	queſ ti on noient,

Mots de deux Syllabes.	*Mots de trois Syllabes.*	*Mots de quatre Syllabes.*
ren dre,	ré pon dre,	re com men cer,
ren dant,	ré pon dant,	re com men çant,
ren dent,	ré pon dent,	re com men cent,
ren doit,	ré pon doit,	re com men çoit,
ren doient,	ré pon doient,	re com men çoient,
ſouf frir,	ſou met tre,	ſa cri fier,
ſouf frant,	ſou met tant,	ſa cri fi ant,
ſouf frent,	ſou met tent,	ſa cri fi ent,
ſouf froit,	ſou met toit,	ſa cri fi oit,
ſouf froient,	ſou met toient,	ſa cri fi oient,
tor dre,	té moi gner,	tran qui li ſer,
tor dant,	té moi gnant,	tran qui li ſant,
tor dent,	té moi gnent,	tran qui li ſent,
tor doit,	té moi gnoit,	tran qui li ſoit,
tor doient,	té moi gnoient,	tran qui li ſoient,
vou loir,	ven dan ger,	ver ba li ſer,
vou lant,	ven dan geant,	ver ba li ſant,
veu lent,	ven dan gent,	ver ba li ſent,
vou loit,	ven dan geoit,	ver ba li ſoit,
vou loient,	ven dan geoient,	ver ba li ſoient,

EXEMPLES.

Qui feront voir que ent *ont le même ſon que l'*e *muet à la fin des mots auxquels on peut joindre* ils *ou* elles, *mais qu'elles ſe prononcent à la fin de tous les autres mots.*

Les hom mes s'ai ment
ra re ment.

Les oi ſeaux cou vent
ſou vent.

Les En fans ai ment
le mou ve ment.

Les Pa reſ ſeux s'a ni ment
dif fi ci le ment.

Les hon nê tes gens s'eſ ti ment
mu tu el le ment.

Les Da mes s'ex pri ment
dé li ca te ment.

Les chi me res ſe for ment
ai ſé ment.

Les Dé vots dor ment
mol le ment.

Les bons Li vres s'im pri ment
ſoi gneu ſe ment.

Les pe tits En fans s'ac cou tu ment
fa ci le ment.

Les Pol trons s'al lar ment
ai ſé ment.

Les Foux ſe ren fer ment
é troi te ment.

Les grands dé fauts ſe ré for ment
ra re ment.

Les A va res s'en dor ment
dif fi ci le ment.

Les mau vais Li vres ſe ſup pri ment
promp te ment.

Les Vieil lards s'en rhu ment
fa ci le ment.

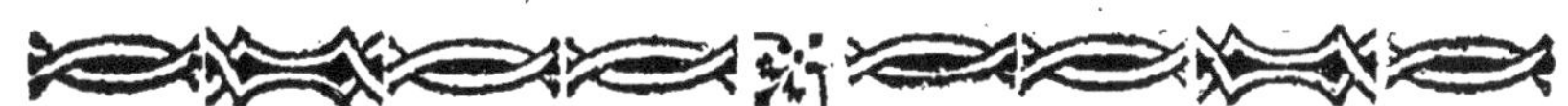

L'*O rai ſon Do mi ni ca le.*

NO T R E Pe re qui ê tes aux Cieux, que vo tre nom ſoit ſanc ti fi é : que vo tre ré gne ar ri ve: que vo tre vo lon té ſoit fai te en la Ter re com me au Ciel : don nez nous au jour d'hui no tre pain quo ti di en, & nous par don nez nos of fen ſes com me nous les par don nons à ceux qui nous ont of fen ſés ; & ne nous in dui ſez point en ten ta tion ; mais dé li vrez nous du mal. Ain ſi ſoit - il.

La Sa lu ta ti on An gé li que.

JE vous ſa lue, Ma rie, plei ne de gra ces, le Sei gneur eſt a vec vous : vous ê tes bé nie en tre tou tes les fem mes, & Je ſus le fruit de vo tre ven tre eſt béni.

Sain te Ma rie, mere de Dieu, priez pour nous, pau vres pé cheurs, main te nant & à l'heu re de no tre mort. Ain ſi ſoit - il.

L'Oraiſon Dominicale.

NOTRE Pere qui êtes aux Cieux : que votre nom ſoit ſanctifié : que votre regne arrive : que votre volonté ſoit faite en la Terre comme au Ciel : donnez-nous aujourd'hui notre pain quotidien, & nous pardonnez nos offenſes comme nous les pardonnons à ceux qui nous ont offenſés ; & ne nous induiſez point en tentation ; mais délivrez-nous du mal. Ainſi ſoit-il.

La Salutation Angélique.

JE vous ſalue, Marie, pleine de graces, le Seigneur eſt avec vous : vous êtes bénie entre toutes les femmes, & Jeſus le fruit de votre ventre eſt béni.

Sainte Marie, mere de Dieu, priez pour nous pauvres pécheurs, maintenant & à l'heure de notre mort. Ainſi ſoit-il.

La Con fes ſion des Pé chés.

JE con fef ſe à Dieu Tout - puiſ ſant, à la Bien heu reu ſe Ma rie tou jours Vi er ge, à Saint Mi chel Ar chan ge, à Saint Jean-Ba pti ſte, aux A pô tres Saint Pier re & Saint Paul, à tous les Saints, que j'ai beau-coup pé ché par pen ſées, par pa ro les, & par ac tions : c'eſt ma fau te, c'eſt ma fau te, & ma très - gran de faute ; c'eſt pour-quoi je ſu plie la Bien heu reu ſe Ma rie tou jours Vier ge, Saint Mi chel Ar chan ge, Saint Jean - Ba - pti ſte, les A pô tres, Saint Pier re & Saint Paul, tous les Saints, de pri er pour moi le Sei gneur no tre Dieu.

La Confession des Péchés.

JE confeſſe à Dieu Tout-puiſſant, à la Bienheureuſe Marie toujours Vierge, à Saint Michel Archange, à Saint Jean-Baptiſte, aux Apôtres Saint Pierre & Saint Paul, à tous les Saints; que j'ai beaucoup péché par penſées, par paroles, & par actions: c'eſt ma faute, c'eſt ma faute, c'eſt ma très-grande faute; c'eſt pour quoi je ſuplie la Bienheureuſe Marie toujours Vierge, Saint Michel Archange, Saint Jean-Baptiſte, les Apôtres, Saint Pierre & Saint Paul, tous les Saints, de prier pour moi le Seigneur notre Dieu.

Les Com man de mens de Dieu.

Un ſeul Dieu tu a do re ras,
Et ai me ras par fai te ment.

Dieu en vain tu ne ju re ras,
N'au tre cho ſe pa reil le ment.

Les Di man ches tu gar de ras,
En ſer vant Dieu dé vo te ment.

Tes pe re & me re ho no re ras,
A fin que vi ves lon gue ment.

Ho mi ci de point ne ſe ras,
De fait ni vo lon tai re ment.

Lu xu ri eux point ne ſeras,
De corps ni de con ſen te ment.

Le bien d'au trui tu ne pren dras,
Ni re tien dras à ton eſ cient.

Faux té moi gna ge ne diras,
Ni men ti ras au cu ne ment.

L'œu vre de chair ne de ſi re ras,
Qu'en ma ri a ge ſeu le ment.

Biens d'au trui ne con voi te ras,
Pour les a voir in juſ te ment.

Un

Les Commandemens de Dieu.

UN ſeul Dieu tu adoreras,
Et aimeras parfaitement.

Dieu en vain tu ne jureras,
N'autre choſe pareillement.

Les Dimanches tu garderas,
En ſervant Dieu dévotement.

Tes Pere & Mere honoreras,
Afin que vives longuement.

Homicide point ne feras,
De fait ni volontairement.

Luxurieux point ne ſeras,
De corps ni de conſentement.

Le bien d'autrui tu ne prendras,
Ni retiendras à ton eſcient.

Faux témoignage ne diras,
Ni mentiras aucunement.

L'œuvre de chair ne deſireras,
Qu'en Mariage ſeulement.

Biens d'Autrui ne convoiteras,
Pour les avoir injuſtement.

Les Com man de mens de l'E gli ſe.

LEs Fê tes tu ſanc ti fie ras,
Qui te ſont de com man de ment.
Les Di manches la Meſ ſe oui ras,
Et les Fê tes pa reil le ment.
Tous tes pé chés con feſ ſe ras,
A tout le moins u ne fois l'an.
Ton Cré a teur tu re cevras,
Au moins à Pâ que hum ble ment.
Qua tre - tems, Vi gi les jeû ne ras,
Et le Ca rê me en tié re ment.
Ven dre di chair ne man ge ras,
Ni le Sa me di mê me ment.

La bé né dic ti on de la Ta ble.

Au nom du Pe re, & du Fils, & du Saint-Eſ prit. Ain ſi ſoit - il.

QUe la main de Je ſus - Chriſt nous bé niſ ſe, & la nour ri tu re que nous al lons pren dre.

Gra ces.

Au nom du Pe re, & du Fils, &c.

NOus vous ren dons gra ces de tous vos bien-faits, ô Dieu Tout-puiſ ſant, qui vi vez & ré gnez dans tous les ſié cles des ſié cles. Ain ſi ſoit-il.

Les Commandemens de l'Eglise.

Les Fêtes tu ſanctifieras,
Qui te ſont de commandement.
Les Dimanches la Meſſe ouïras,
Et les Fêtes pareillement.
Tous tes péchés confeſſeras,
A tout le moins une fois l'an.
Ton Créateur tu recevras,
Au moins à Pâque humblement.
Quatre-tems, Vigiles jeûneras,
Et le Carême entiérement.
Vendredi chair ne mangeras,
Ni le Samedi mêmement.

La bénédiction de la Table.

Au Nom du Pere, & du Fils, & du Saint-Eſprit. Ainſi ſoit-il.

QUE la main de Jeſus-Chriſt nous béniſſe, & la nourriture que nous allons prendre.

Graces.

Au Nom du Pere, & du Fils, &c.

NOUS vous rendons graces de tous vos bienfaits, ô Dieu Tout-puiſſant, qui vivez & régnez dans tous les ſiécles des ſiécles. Ainſi ſoit-il.

I dée de Dieu, & de ſon pou voir ſur tou tes les Cré a tu res.

CE Dieu, Maître ab ſo lu de la terre & des Cieux,

N'eſt point tel que l'er reur le fi gu re à vos yeux.

L'E ter nel eſt ſon Nom, le mon de eſt ſon ou vrage.

Il en tend les ſou pirs de l'hum ble qu'on ou tra ge..

Ju ge tous les mor tels avec d'é ga les loix,

Et du haut de ſon Trô ne in ter ro ge les Rois.

Des plus fer mes Etats la chu te é pou-ven ta ble,

Quand il veut, n'eſt qu'un jeu de ſa main re dou ta ble, &c. &c. &c.

Tragédie d'Eſther de M. Racine.

Idée de Dieu, & de ſon pouvoir ſur toutes les Créatures.

CE Dieu Maître abſolu de la terre & des Cieux
N'eſt point tel que l'erreur le figure à vos yeux.
L'Eternel eſt ſon Nom, le monde eſt ſon ouvrage,
Il entend les ſoupirs de l'humble qu'on outrage.
Juge tous les mortels avec d'égales loix
Et du haut de ſon Trône interroge les Rois.
Des plus fermes Etats, la chute épouventable,
Quand il veut, n'eſt qu'un jeu de ſa main redoutable, &c. &c. &c.

Idée de Dieu, & de ſon pouvoir ſur toutes les Créatures.

CE Dieu Maître abſolu de la Terre & des Cieux,
N'eſt point tel que l'erreur le figure à vos yeux.
L'Eternel eſt ſon Nom, le monde eſt ſon ouvrage,
Il entend les ſoupirs de l'humble qu'on outrage.
Juge tous les mortels avec d'égales loix,
Et du haut de ſon Trône interroge les Rois.
Des plus fermes Etats la chute épouventable,
Quand il veut, n'eſt qu'un jeu de ſa main redoutable, &c. &c. &c.

Tragédie d'Eſther, de M. Racine.

Au tre i dée de la Tou te puis san ce de Dieu.

Mê me Tra gé die.

QUe peu vent con tre lui tous les Rois de la Ter re ?

En vain ils s'u ni roient pour lui fai re la guer re.

Pour dis si per leur li gue il n'a qu'à se mon trer ;

Il par le, & dans la pou dre il les fait tous r'en trer.

Au seul son de sa voix la mer fuit, le Ciel trem ble,

Il voit comme un né ant tout l'U ni vers en sem ble ;

Et les foi bles hu mains vains jou ets du tré pas,

Sont tous de vant ses yeux com me s'ils n'é toient pas.

Autre idée de la Toute-puissance de Dieu.

Même Tragédie.

QUe peuvent contre lui tous les Rois de la Terre ?
En vain ils s'uniroient pour lui faire la guerre.
Pour dissiper leurs ligue il n'a qu'à se montrer ;
Il parle, & dans la poudre il les fait tous r'entrer.
Au seul son de sa voix la mer fuit, le Ciel tremble,
Il voit comme un néant tout l'Univers ensemble ;
Et les foibles humains vains jouets du trépas,
Sont tous devant ses yeux comme s'ils n'étoient pas.

Autre idée de la Toute-puissance de Dieu.

Même Tragédie.

QUe peuvent contre lui tous les Rois de la Terre ?
En vain ils s'uniroient pour lui faire la guerre.
Pour dissiper leur ligue il n'a qu'à se montrer ;
Il parle, & dans la poudre il les fait tous r'entrer.
Au seul son de sa voix la mer fuit, le Ciel tremble ;
Il voit comme un néant tout l'Univers ensemble ;
Et les foibles humains vains jouets du trépas,
Sont tous devant ses yeux comme s'ils n'étoient pas.

Au tre mor ceau de M. Ra ci ne.

J'Ai vû l'im pie a do ré ſur la
Ter re,
Pa reil au Cé dre, il por toit dans
les Cieux
Son front au da ci eux;
Il ſem bloit à ſon gré gou ver ner
le ton nè re,
Fou loit aux pieds ſes en ne mis
vain cus;
Je n'ai fait que paſ ſer;
Il n'é toit dé ja plus.

Por trait de l'Hy po cri te.

Par M. Rouſ ſeau.

L'Hy po cri te en frau de fer ti le,
Dès l'en fan ce eſt paî tri de fard,
Il ſcait co lo rer a vec art
Le fi él que ſa lan gue diſ ti le,
Et la mor ſu re du ſer pent
Eſt moins ai gûe & moins ſub ti le,
Que le ve nin ca ché que ſa lan gue
ré pand.

Autre morceau de M. Racine.

J'AI vû l'impie adoré ſur la
Terre,
Pareil au Cèdre, il portoit dans
les Cieux
Son front audacieux;
Il ſembloit à ſon gré gouverner
le tonnère,
Fouloit aux pieds ſes ennemis
vaincus,
Je n'ai fait que paſſer;
Il n'étoit déja plus.

Portrait de l'Hypocrite.

Par M. Rouſſeau.

L'Hypocrite en fraude fertile,
Dès l'enfance eſt paîtri de fard,
Il ſçait colorer avec art
Le fièl que ſa langue diſtile,
Et la morſure du ſerpent
Eſt moins aigûe & moins ſubtile,
Que le venin caché que ſa langue
répand.

Stan ce ſur la Mort.

LA Mort a des ri gueurs à nul le
au tre pa reil les,
On a beau la pri er;
La cruel le qu'el le eſt, ſe bou-
che les o reil les,
Et nous laiſ ſe crier.
Le pau vre en ſa ca ba ne où le
chau me le cou vre,
Eſt ſujet à ſes Loix,
Et la gar de qui veil le aux
bar riè res du Lou vre,
N'en dé fend pas les Rois.

Stan ce ſur la Mott.

LA Mort a des ri gueurs à nulle
au tre pa reil les,
On a beau la prier;
La cruel le qu'el le eſt, ſe bou-
che les o reil les,
Et nous laiſ ſe cri er.
Le pau vre en ſa ca ba ne où le
chau me le cou vre,
Eſt ſu jet à ſes Loix;
Et la Gar de qui veil le aux
bar riè res du Louvre
N'en dé fend pas les Rois.

Stance ſur la Mort.

LA Mort a des rigueurs à nulle
autre pareilles,
On a beau la prier;
La cruelle qu'elle eſt, ſe bouche
les oreilles,
Et nous laiſſe crier.
Le pauvre en ſa cabane où le
chaume le couvre,
Eſt ſujet à ſes Loix;
Et la Garde qui veille aux
barrières du Louvre,
N'en défend pas les Rois.

Stance ſur la Mort.

*LA Mort a des rigueurs à nulle
autre pareilles,
On a beau la prier;
La cruelle qu'elle eſt, ſe bouche
les oreilles,
Et nous laiſſe crier.
Le pauvre en ſa cabane où le
chaume le couvre,
Eſt ſujet à ſes Loix;
Et la Garde qui veille aux
barrières du Louvre,
N'en défend pas les Rois.*

Obſervations pour perfectionner la Lecture, & donner en même tems les Principes les plus généraux de notre Orthographe & de la prononciation.

On a ſuivi l'ordre Alphabétique pour mettre les Enfans en état de trouver aiſément chaque Lettre *ou* ſon, *lorſqu'ils ſe trouveront arrêtés ſur quelque prononciation.*

Des voyelles longues & des voyelles brèves.

Les voyelles longues ſont celles qui ſe prononçent lentement.	*Les voyelles brèves, celles qui ſe prononçent promptement.*
EXEMPLES.	EXEMPLES.
le hâle,	une halle,
un mâtin,	le matin,
un mâle,	une malle,
une châſe,	la chaſſe,
de la pâte,	une patte,
une tâche,	une tache,
un hêtre,	une herſe,
un prêtre,	une prètreſſe,
un gîte,	le giron,
un goître,	un goinfre,
un cloître,	une cloiſon,
une bûſe,	un buſte,
une mûſe,	une mule,

ai ſe prononcent *é*

On écrit.	*On prononce.*
j'aimai	j'émé ,
je donnai	je donné ,
je lirai	je liré ,
je ferai	je feré ,

On écrit.	*On prononce.*
crayon	créyon ,
rayon	réyon ,
payer	péyer ,
païs	péïs ,
païſan	péïſan ,
depayſer.	dépéïſer ,

ai ſe prononcent *è*

On écrit.	*On prononce.*
baiſſer	bèſſer ,
biaiſer	bièſer ,
caiſſier	kèſſier ,
niaiſer	nièſer ,
mauvais	mauvès ,
naître	nètre ,
maître	mèttre ,
notaire	notère ,
plaire	plère ,

excepté *hair.*

an, ont quelquefois le même *ſon* qu'*em.*

ambition	empire ,
ample	emploi ,
flamme	femme ,
ramper	remper ,
tambour	temple ,

an, ont quelquefois le même *ſon* qu'*en.*

avant	avent ,
bannir	mentir ,
demande	amande ,
fange	fente ,
landes	lente ,
mander	menger ,

ain, *ein*, *in*, ont le même ſon.

dedain	deſſein	deſtin ,
eſſein	refrein	mutin ,

eau, ont le même ſon que *au.*

anneau	naufrage ,
bateau	taupe ,

grain	plein	vin,
faim	feint	fin,
humain	ſerein	ſerin,
pain	peint	pin,
plainte	teinte	ſinge,
ſainte	feinte	quinte,

bedeau	daube,
caveau	vautour,
flambeau	baume,
gâteau	autel,
hameau	mauve,
morceau	ſauce,
pinceau	ſauteur,
rouleau	Laudes,

aen, *ean*, *ent*, *aon*, ont le même *ſon* dans

Caen	Jean	dent,
paon	faon	Laon.

excepté,

taon & taonner.

c ſe prononce *ſ* & *k*.

EXEMPLES.

façade	arcade,
glaçon	balcon,
Provençale	caſcade,
rançon	flacon,
garçon	gaſcon,
maçon	Mâcon,
forçat	placard,
conçu	vaincu,
rinçure	rancune,

c final, ne ſe prononce point devant une conſonne.

EXEMPLES.

blanc	raiſin,
Clerc	Novice,
franc	fripon,
porc	frais,
marc	d'or,

Mais il ſe prononce devant une voyelle.

du blanc	au noir,
de Clerc	à Maître,
franc	étourdi,
porc	épi,
Marc	Antoine,

c ſe prononce à la fin de plu-ſieurs mots.

EXEMPLES.

Almanac ammoniac,
aſpec avec,
aſpic Syndic,
baroc eſtoc,
muſc Turc,

c ſe prononce encore à la fin des mots *eſtomac*, *tabac*; mais il ne s'y prononce plus lorſqu'il ſuit une *conſonne*, & il faut écrire,

un eſtomac plein;
du tabac d'Eſpagne,

Mais il faut prononcer;

eſtomac plein,
taba d'Eſpagne,

---

ch ſe prononcent *che* & *ke*.

EXEMPLES.

change Archange,
charité Euchariſtie,
Afficheur Chœur,
échope Chorographie,
chocolat chorus,
choc écho,
chute Catéchumène,

chr ſe prononcent *cre*.

EXEMPLES.

Chrétien
S. Chrême,
Chrètiennement,
Chriſtophe,
Chriſtianiſme,
Chronique,
Chronographe,
Chronologie,
Chryſalide,

c ſe prononce quelquefois g.

EXEMPLES.

On écrit.	*On prononce.*
Claude	Glaude
cicogne	cigogne
ſecond	ſegond
ſecondement	ſegondement
ſeconder	ſegonder
ſecret	ſegret
ſecrétement	ſegrétement
Secrétaire	Segrétaire
Secrétariat	Segrétariat.

d ſe prononce *t* à la fin des mots, lorſqu'il ſuit une voyelle ou une *h* non aſpirée.

EXEMPLES.

On écrit.	*On prononce.*
grand Apôtre	grant Apôtre
grand écrivain	grant écrivain
grand homme	grant homme
ſecond hyménée	ſecont hymenée
ſecond article	ſecont article
quand il boit	quant il boit
quand on veut	quant on veut
vend il ?	vent-il ?
vend elle ?	vent-elle ? il
vend on ?	vent-on ?
ſe défend il ?	ſe défent-?
perd elle ?	pert-elle ?

On ſupprime le *d* dans le mot *pied*, & l'on dit, mettre pié à terre, & non pas pié ta terre.

e eſt

e eſt ouvert dans tous les monoſyllabes terminés par une *s*.

Il faut prononcer,

ces, des, les, mes, ſes, tes,

comme s'il y avoit l'accent grave.

cès, dès, lès, mès, ſès, tès,

e eſt encore ouvert devant quelques conſonnes.

appel	j'appelle
bel	belle
cartel	il écartelle
chancel	il chancelle
hidromel	hirondelle
nouvel	nouvelle
amer	cançer
enfer	Jupiter
hyver	lucifer

hier, fier, mer, &c.

Il y a cependant une exception pour le diſcours familier, car alors l'*e* ſe prononce fermé, comme s'il y avoit l'accent aigu.

On écrit.	*On prononce.*
cès Livres	ces Livres
dès hommes	des hommes
lès femmes	les femmes
mès gens	mes gens
sès habits	ſes habits
tès meubles	tes meubles

Mais il eſt fermé même devant une voyelle dans les mots ſuivans.

amandier
barbier
Cordelier
damier
jardinier
ouvrier
patiſſier
ſavetier

Et il faut prononcer ſans *r*

un barbier oiſif
un jardinier occupé
& ainſi des autres.

gm ſe prononcent *gue-me* dans pluſieurs mots.

On écrit.	*On prononce.*
Stigmates	Sti gue ma tes
augmenter	au gue men ter
diaphragme	dia phra gue me
énigme	é ni gue me
énigmatique	é ni gue ma ti que

gn ſe prononcent *gue-ne* dans quelques mots.

On écrit.	*On prononce.*
inexpugnable	i nex pu gue na ble
magnétique	ma gue né ti que
gnôme	gue nô me

gn ſe prononcent quelquefois ſimplement *n.*

On écrit.	*On prononce.*
aſſignation	aſſination
aſſigner	aſſiner
magnifique	manifique
ſigner	ſiner

On écrit.	*On prononce.*
incognito	incognito, comme dans épargne, épagneul

h aſpirée.	*h* non aſpirée.	*h* ne ſe pron. point quand elle eſt après une conſonne.	
On prononce l'*h* dans les mots ſuivans.	On ne prononce point l'*h* dans les mots ſuivans.	*On écrit.*	*On prononce.*
hache	habit	l'habit	labit
haro	habile	l'heure	leure
Héros	Héroïne	l'Hiſtoire	liſtoire
hibou	Hiſtoire	l'honneur	lonneur
hotte	hôte	l'humeur	lumeur
hure	heure	Théologie	Téologie
houſſe	horloge	adhérer	adérer
hautbois	Hôpital	adhéſion	adéſion
houlette	Hôtel	aujourd'hui	aujourdui
Hollande	hoſtilité	Rheteur	Reteur
Huguenot	Humanité	Rhin	Rin
		Rhône	Rône
		rhubarbe	rubarbe
		rhume	rume

une *l* ſimple ou deux *ll* précédées de la voyelle, ont un ſon liquide & mouillé.

ail	*ail*	*eil*	*eille*
bail	Bataille	appareil	abeille
cail	canaille	conſeil	corbeille
corail	écaille	orgueil	groſeille
détail	futaille	orteil	treille
émail	griſaille	pareil	pareille
gaillard	limaille	reveil	merveille
Mail	muraille	ſommeil	ſommeille
Portail	paille	Soleil	oſeille
Sérail	tenaille	vermeil	vermeille
vieillard	Verſailles	viel	vieil

une *l* ſimple ou deux *ll* precédées de la Voyelle *i* ont un ſon liquide & mouillé.

il	*ille*	*ouil ouille*	*euil euille*
Avril	anguille	fenouil	Auteuil
habil	habille	andouille	Argenteuil
chenil	cheville	verouil	Arcueil
gril	étrille	bredouille	cerfeuil
fournil	famille	citrouille	Choiſeuil
mil *graine*	mandille	dépouille	écureuil
nombril	quille	gazouille	fauteuil
peril	pointille	grenouille	feuille
perfil	quadrille	farfouille	ſeuil
ſillon	uſtancilles	gargouille	veuille
	exception	patrouille	
Gille	Ville	rouille	
mil *nombre*	mille	ſouillure	
ſubtil	ſubtile		

m se prononce quelquefois *n*.

EXEMPLES.

On écrit.	*On prononce.*
Ambaſſade	Anbaſſade
bombarder	bonbarder
compter	conpter
combien	conbien
damnation	damnation
emmener	enmener
exempter	exenpter
importun	inportun
nombre	nonbre
ombrage	onbrage
pompeux	ponpeux
prompt	pronpt
Samſon	Sanſon

m se prononce dans les mots ſuivans.

Amſterdam immobile
Amniſtie inſomnie
calomnie préſomptif
éxemption ſomnambule
Hymne ſomptueux
indemnité ſymtôme
immédiat immenſe

n à la fin des Monoſyllabes ſe joint toujours à la voyelle ſuivant & à l'*h* non aſpirée.

EXEMPLES.

On écrit.	*On prononce.*
bien adroit	bien n'adroit
bien étourdi	bien n'étourdi
bien inſtruit	bien n'inſtruit
bien ombragé	bien n'ombragé
bien utile.	bien n'utile
bien habile	bien n'habile
bien heureux	bien n'heureux
bien hiſtorié	bien n'hiſtorié
bien honête	bien n'honète
bien humide	bien n'humide
on avance	on n'avance
l'on inſtruit	l'on n'inſtruit
bon enfant	bon n'enfant
mon ouvrage	mon n'ouvrage
rien en tout	rien n'en tout
ſon ami	ſon n'ami
ton habit	ton n'habit
mon honneur	mon n'honneur

oi ſe prononce *oi* & *ai*.

EXEMPLES.

avoir	avoit
boire	buvoit
croiſée	croire
devoir	devoit
exploit	contemploit
foire	foible
gloire	Anglois
Hiſtoire	j'étois
machoire	mâchoit
noire	connoit
poire	coupoit
Roitelet	roide
ſoirée	penſoit
Toiſon	comptoit
voirie	voiroit
Chinois	connois
Danois	Charolois
S. François	François
Gaulois	Bordelois
l'Artois	Ecoſſois
Genois	Hollandois
Siamois	Bourbonnois

Il n'y a que l'uſage qui apprenne cette différence.

ph ſe prononcent *f*.

EXEMPLES.

Phaëton
Alpha
Pharaon
aſphalte
Pharmacie
amphâſe
phraſe
amphatique
phébus
Prophète
phénoméne
Prophétique
amphion
philtre
Amphibie
Géographie
Philoſophie
Phyſique
Métaphore
Phoſphore

pt ſe prononcent auſſi *ps*.

EXEMPLES.

aptitude	nuptial
adoptif	adoption
corruptible	corruption
Egypte	Egyptien
inepte	ineptie
ſouſcripteur	ſouſcription
Optique	option
obreptice	obreption
ſouſcripteur	ſouſcription
ſubreptice	ſubreption

pt ſe prononcent quelquefois ſimplement *t*.

EXEMPLES.

On écrit.	*On prononce.*
Apt	*Ville*
Baptême	Batême
compte *calcul*	comte
ptiſanne	tiſanne
préſomptif	préſomptif
ſomptueux	ſomtueux
ſept	ſet
ſeptiéme	ſetiéme
ſymptômes	ſymtômes
Sculpteur	Sculteur
Sculpture	Sculture

p ſe prononce à la fin des Monoſyllabes avant une Voyelle ou une *h* non aſpirée.

EXEMPLES.

trop aimable	trop habile
trop étourdi	trop Héroïque
trop inſolent	trop Hiſtorié
trop opulent	trop honorable
trop utile	trop humain

Le contraire arrive avant une Conſonne ou une *h* aſpirée.

trop badin	trop hardi
trop délicat	trop hériſſé
trop dificile	trop hideux
trop colere	trop honteux
trop durement	trop hupé

On ne prononce point le *p* dans le mot loup.

q ſe prononce à la fin des mots *cinq* & *coq* lorſqu'ils ſont avant une voyelle ou une *h* non aſpirée.

cinq amandes	un coq étrangé
cinq hommes	un coq irrité

Mais cette lettre ne ſe prononce point devant une Conſonne.

Et l'on écrit;	*mais on prononce*
cinq figues	cin figues
cinq pommes	cin pommes
un coq d'inde	un co d'inde

qua ſe prononcent *coua* dans les mots ſuivans.

On écrit.	*On prononce.*
aquatique	acouatique
équateur	écouateur
équation	écouation
quadragénaire	couadragénaire
quadrangulaire	couadrangulaire
Quadragéſime	Couadragéſime
quadrature	couadrature
quadrupède	couadrupède
des in-quarto	des in-couarto

quinqua ſe prononcent *quincoua* dans les mots ſuivans.

On écrit.	*On prononce.*
Quinquagénaire	Cuincouagénaire
Quinquagéſime	Cuincouagéſime
quinconce	cuinconce
Quintilien	Cuintilien
Quinte-curſe	Cuinte-curſe
équeſtre	écueſtre
queſteur	cueſteur.

r ſe prononce doucement à la fin des mots lorſqu'il ſuit une voyelle ou une *h* non aſpirée.

aimer ardemment
ſervir efficacement
partir incognito
parler obligeamment
ſe préſenter humblement
arriver heureuſement
ſe retirer honnêtement

Le contraire arrive lorſqu'il ſuit une Conſonne ou une *h* aſpirée.

On prononce ſans *r*.

aimer tendrement
ſervir proprement
partir ſecretement
parler facilement
ſe préſenter hardiment
publier hautement
ſe retirer honteuſement

deux *ſſ* entre deux voyelles ſe prononcent toutes deux.	*ſ* entre deux voyelles a le ſon du *z*.
baſſe	baſe
baſſin	baſin
boiſſeau	oiſeau
buiſſon	oiſon
caſſer	cauſer
chauſſe	choſe
couſſin	couſin
écréviſſe	Egliſe
maſſue	maſure
moiſſon	maiſon
poiſſon	poiſon
roſe	roſe
ruiſſeau	roſeau
taſſe	extâſe
vaſſal	vâſe

Il faut excepter.

châſe	aſdrubal
réſuſciter	diſgrace
préſéance	Presbytere
préſentir	tranſiger
préſentiment	tranſaction
	tranſition
	thisbe
	tranſvâſer

ſ ſe prononce *z* à la fin des mots lorſqu'il ſuit une Voyelle ou une *h* non aſpirée.

	exception pour le diſcours familier, où l'on dit ſans *s*.
bons amis	ſage & vertueuſe
grands ennemis	belle & bonne
gros intérets	bonne à manger
petits obſtacles	douce au goût, &c.
anciens uſages	
longues habitudes	
premiers honneurs	
après eux	
mes ouvrages	
tes Officiers	
les affrons	
leurs amis	
les ennemis	
nos enfans	
bonnes affaires	
tes offres	
ſes appas	
tous enſembl	
très éloquer	
très honnêt	
vous & mo	
ils iront	
elles en ſon	

ſ ſe prononce toujours à la fin des mots.

Agnus
Bacchus
Bolus
Cadmus
Cræſus
Darius
Danaüs
Iris, Mars
Momus
Phalaris
Pirrithoüs
Romulus
Sinus
Sémiramis
Venus, &c.

ſc ſe pronon. *ſq* dans les mots ſuiv.	*ſc* ſe prononcent *ſ* dans les mots ſuiv.
ſcaramouche	Sçavant
ſcapulaire	ſçavoir
Scamandre	ſcélerat
ſcandale	ſcène
Sacrification	ſceptre
Scaron	ſceaux
Scribe	ſcier
Scot	ſcience
ſcorbut	ſcion
ſcorpion	ſciure
Sculpteur	faiſceaux
ſcrupule	*On écrit.*
ſcrutin	ſchiſme
	On prononce.
	chiſme

Quelquefois *t* ne ſe prononce point à la fin des mots.

EXEMPLES.

avant	avant-hier
aſpect	aſpect agréable
diſtrict	diſtrict étendu
inſtinct	inſtinct admirable
reſpect	reſpect infini
ſuſpect	ſuſpect en tout

t ſe prononce à la fin des mots lorſqu'il ſuit une voyelle ou une *h* non aſpirée.

EXEMPLES.

fort aimable
fort habile
tout entier
cent hommes
petit ignorant
ſçavant Ecrivain
ſçavant homme

t ne ſe prononce point lorſqu'il ſuit une Conſonne ou une *h* aſpirée.

EXEMPLES.

fort content
fort honteux
tout nouveau
tout hors d'haleine
petit faquin
cent piſtoles
ſçavant Prédicateur

Il faut auſſi dire ſans *t*:

un fort imprenable
un enfant inſtruit
un Port à couvert
ſçavant & poli, &c.

tia ſe prononcent auſſi *ſia.*

EXEMPLES.

Aſtianax	Abbatial
beſtial	initial
beſtialité	Martial
Chriſtianiſme	nuptial
Thiare	Partial

tie ſe prononcent auſſi *ſie*

EXEMPLES.

amniſtie	Ariſtocratie
amitié	balbutier
antipatie	démocratie
Hoſtie	eſſentiel
moitié	ineptie
ortie	initier
patrie	minutie
rôtie	Prophétie
ſortie	primatie
ſimpatie	

tio ſe prononcent auſſi *ſio.*

EXEMPLES.

Baſtion	action
combuſtion	collation
geſtion	faction
queſtion	Nation

tieux ſe pron. toujours *ſieux.*

EXEMPLES.

ambitieux
captieux
facétieux
factieux
ſéditieux

tien ſe prononcent toujours *tien.*

EXEMP.

Chrétien
entretien
contient
maintien
ſoutien

à l'exception du ſeul mot Capétien

u forme un ſon ſéparé de l'*i* dans les mots ſuivans.

ambiguité
aiguille
aiguiſer
appui
autrui
aujourd'hui
buiſſon
conduire
cuivre
fluide
Guiſe
inſtruire
luire
muids
nuire
puiſer
ruine
ſuivre
ſuicide
traduire

Au contraire l'*u* ſe confond avec l'*i* dans les mots ſuivans.

anguille
beguine
béquille
Bourguignon
déguiſer
figuier
guide
guider
Guillaume
guilmet
guiſe
ſanguinaire
vuide
vuider, &c.

x ſe pron. *cs* dans les mots	*x* ſe pron. *gz* dans les mots	*x* a le ſon de deux ſſ dans les mots	*x* a le ſon *z* dans les mots
Alexandre	examen	Auxerre	ſixain
Alexis	exemple	Bruxelles	ſixiéme
axiome	exiler	& le ſon d'une ſ dans les mots	dixain
auxiliaire	Exorde	Xaintonge	dixiéme
fixer	exhumer	ſoixante	& à la fin des mots avant une voyelle
taxer			beaux yeux
z rend fermé l'*é* qui le précéde dans les mots	*z* rend ouvert l'*e* qui la précede dans les mots.		Officieux ami
allez-y	Sanchez		généreux ennemis
venez-y	Rodriguez		précieux Office

a le ſon de deux *ii* entre deux voyelles	*y* n'a que le ſon d'un *i* entre deux conſonnes	lorſqu'une voyelle a deux points, elle doit être prononcée ſéparément de celle qui la précede. EXEMPLES.	
aboyer	Amygdales	atheïſme	Pirithoüs
Bayonne	Collyre	Caïn	Raphaël
bégayer	Diachylon	Déïſte	Saül
crayonner	hydropiſie	haïr	Stoïcien
employer	Lymphe	Judaïque	
fayancier	Olympe	laïc	
larmoyer	Phyſique	Moïſe	
moyen	ſympathie	naïf	
noyer	ſymptômes	païs	
payer		Poëte	
rayonner			

Chiffres Romains & Arabes.

Romain	Arabe		Romain		Arabe
I	un	1	XXI	vingt-un	21
II	deux	2	XXII	vingt-deux	22
III	trois	3	XXIII	vingt-trois	23
IV	quatre	4	XXIV	vingt-quatre	24
V	cinq	5	XXX	trente	30
VI	ſix	6	XL	quarante	40
VII	ſept	7	L	cinquante	50
VIII	huit	8	LX	ſoixante	60
IX	neuf	9	LXX	ſoixante & dix	70
X	dix	10	LXXX	quatre vingt	80
XI	onze	11	XC	quatre-vingt-dix	90
XII	douze	12	C	cent	100
XIII	treize	13	CXX	cent vingt	120
XIV	quatorze	14	CL	cent cinquante	150
XV	quinze	15	CC	deux-cents	200
XVI	ſeize	16	CCC	trois-cents	300
XVII	dix-ſept	17	CD	quatre-cents	400
XVII	dix huit	18	D	cinq cents	500
XIX	dix-neuf	19	DC	ſix-cents	600
XX	vingt	20	M	mille	1000

ABBREVIATIONS qui se rencontrent le plus ordinairement dans les Livres, & principalement dans les Gazettes.

J. Ch.	Jesus-Christ
N. S. J. C.	Notre Seigneur Jesus-Christ.
S. M.	Sa Majesté.
[illegible] M.	Leurs Majestés; le Roi & la Reine.
V. M.	Votre Majesté, en parlant au Roi.
L. H. P.	Leurs Hautes Puissances, en parlant de la Hollande; on dit encore en parlant d'elle.
L. E. G.	Les Etats Généraux.
L. P. O.	La Porte Ottomane, ou simplement La Porte. C'est la Cour du Grand Seigneur.
Mgr.	Monseigneur: on donne ce titre au Fils aîné de France, M. le Dauphin, pour le distinguer des autres Princes auxquels on donne celui d'Altesse.
Mad.	Madame, en parlant à la Reine.
Mesd.	Mesdames, en parlant de nos Dames de France.
Mlle.	Mademoiselle.
N. D.	Notre Dame, la Sainte Vierge.
Le P. R.	Le Prince Royal, le Fils aîné du Roi de Pologne, & celui du Roi de Prusse.
La R. P. R.	La Religion Prétendue Réformée.

S. A.

S. A.	Son Alteſſe.	*C'eſt le titre des Princes & Princeſſes.*
V. A.	Votre Alteſſe.	
S. A. Elec.	Son Alteſſe Electorale : c'eſt le titre des Princes Electeurs de l'Empire.	
S. A. Em.	Son Alteſſe Eminentiſſime , en parlant d'un Cardinal.	
S. A. R.	Son Alteſſe Royale : c'eſt le titre des Princes & Princeſſes du Sang.	
Na.	C'eſt auſſi le titre des Electeurs qui ſont Rois , quand on n'en parle que comme Electeurs.	
S. A. S.	Son Alteſſe Séréniſſime.	
V. A. S.	Votre Alteſſe Séréniſſime , en parlant aux Princes.	
S. Em.	Son Eminence.	*En parlant d'un Cardinal.*
V. Em.	Votre Eminence.	
S. Exc.	Son Excellence.	*En parlant aux Ambaſſadeurs & Plénipotentiaires.*
V. Exc.	Votre Excellence.	
S. G.	Sa Grandeur	
V. G.	Votre Grandeur.	
S. H.	Sa Hauteſſe : en parlant de l'Empereur des Turcs.	
S. M. B.	Sa Majeſté Britannique , le Roi d'Angleterre.	
S. M. C.	Sa Majeſté Catholique , le Roi d'Eſpagne.	
S. M. T. C.	Sa Majeſté Très-Chrétienne , le Roi de France.	
S. M. D.	Sa Majeſté Danoiſe , le Roi de Dannemarck.	

S. M. Imp.	Sa Majesté Impériale : l'Empereur.
S. M. Nap.	Sa Majesté Napolitaine, le Roi de Naples.
S. M. Pol.	Sa Majesté Polonoise, le Roi de Pologne.
S. M. Port.	Sa Majesté Portugaise, le Roi de Portugal.
S. M. Sued.	Sa Majesté Suédoise, le Roi de Suede.
Sire,	En parlant au Roi de France.
S. S.	Sa Sainteté, le Pape.
V. S.	Votre Sainteté, en lui parlant.
Le S. P.	Le Saint Père, en parlant du Pape.
V. G.	Votre Grandeur, en parlant aux Archevêques, Evêques, Ministres, Ducs, Maréchaux de France, Généraux d'Armées.
Dom.	mot Espagnol qui signifie *Monsieur*, on donne ce titre aux Bénédictins, Chartreux, Bernardins & Barnabites.
Le T. R. P.	Le Très-Révérend Pere, ou le Révérendissime Père ; on donne ce titre aux Religieux distingués dans leur Ordre.
La R. M.	La Révérende Mère, on donne ce titre aux Religieuses, elles se le donnent elles-mêmes entr'elles.

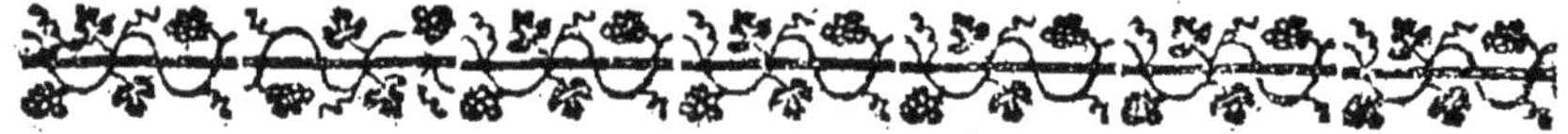

Petites pièces de Lecture , inſtructives pour les Enfans.

L'*Agriculture.*

ON pourroit abſolument ſe paſſer de certaines connoiſſances , qu'on ne recherche que pour l'ornement de l'eſprit ; mais l'Agriculture en eſt une néceſſaire , puiſqu'elle enſeigne à faire produire à la terre les grains , les fruits & les légumes. C'eſt auſſi par les ſoins de l'Agriculture que nous avons des arbres aſſez forts pour conſtruire des maiſons , & pour d'autres uſages.

Algébre.

ON trouve dans l'Algébre une façon de calculer plus prompte & plus étendue encore que dans l'Arithmétique ; mais l'Algébre eſt une ſcience qui paroît ſi difficile , qu'on dit communément de quelque choſe qu'on a de la peine à comprendre : *c'eſt de l'Algébre.*

L'*Anatomie.*

LE corps humain eſt compoſé de tant de parties , qu'il faut une longue étude pour les connoître , & une grande expérience pour ſçavoir quelles ſont leurs fonctions.

L'Anatomie qui donne cette connoiſſance a pluſieurs diviſions, dont la principale eſt l'oſtéologie, qui enſeigne à l'Anatomiſte à diſtinguer les différentes propriétés des os.

L'*Arithmétique.*

ON peut dire que l'Arithmétique, ou l'art de chiffrer, eſt une des plus utiles ſciences. C'eſt en ſuivant ces principes, qu'on compte avec certitude, & qu'on ſuppute d'un trait de plume les nombres les plus diviſés. Les caractères qu'on emploie pour compter, ſont de deux eſpèces. Le chiffre arabe, dont on ſe ſert communément, le chiffre romain, ou chiffre de finance.

Tel eſt celui qui marque l'heure ſur nos cadrans.

Architecture.

SI l'on veut bâtir ſolidement une maiſon, la rendre commode, & l'orner avec goût, il faut ſe rendre familieres les règles de l'Architecture. Les Architectes, avant que de commencer un bâtiment, en tracent ſur le papier les plans & les élévations.

On appelle Architecture civile l'art de conſtruire les maiſons, comme on appelle Architecture militaire, l'art de fortifier les Places. Les ouvriers employés aux bâtimens, travaillent ſous les ordres de l'Architecte.

Arts & Métiers.

ON nomme Arts & Métiers ce qui fait l'occupation des artiſans & des ouvriers. Il y a peu de Métiers qui ne tiennent aux Mathématiques, ou à quelqu'autre ſcience. Les Manufactures ſont des maiſons où l'on raſſemble pluſieurs ouvriers pour la même entrepriſe. Telles ſont les Manufactures de glaces, de fer-blanc, de verres, de draps, de tapiſſeries, *&c.*

L'*Artillerie.*

ON ne ſçauroit s'emparer d'une Place forte, ſans le ſecours du canon, des bombes, des grenades, & des autres machines de guerre qui ſont en uſage pour détruire les remparts, & brûler les Villes qui ſont réſiſtance.

On comprend dans l'Artillerie l'art de conſtruire ces machines, & la perfection des différentes manœuvres qu'on emploie pour s'en ſervir avec ſuccès.

L'*Aſtronomie.*

LEs Aſtres ont une grandeur déterminée, dont les Aſtronômes rendent un compte exact; & ils connoiſſent ſi bien la diſtance & le cours de ces Aſtres, qu'ils annoncent une éclipſe qui ne doit paroître que dans cent ans, dans mille ans.

Le progrès que l'on fait dans l'étude de la

ſphère, ſert beaucoup à l'intelligence de l'Aſtronomie.

L'*Aſtrologie.*

PLus on a d'admiration pour la certitude de l'Aſtrologie, plus on a de mépris pour la fauſſeté de l'Aſtrologie judiciaire. Les Aſtrologues prétendent lire dans les Aſtres le bonheur ou le malheur de ceux qui ont la foibleſſe de les conſulter; mais toutes les ſciences qui ont la divination pour objet, telles que la Chiromancie, la Négromancie, la Cabale, & quelqu'autres encore, ſont des ſciences que les gens ſenſés ne connoiſſent, que pour en faire ſentir le ridicule.

Les Belles-Lettres.

COnnoître les Auteurs qui ont écrit en proſe, ou en vers dans quelque langue que ce ſoit, c'eſt ſçavoir les Belles-Lettres. On donne le titre d'homme lettré à ceux qui ont lu avec réflexion, & qui ont retenu ce qu'il y a de meilleur dans les Livres. Rien ne fait tant d'honneur que d'être en état de citer à propos quelques vers ou quelques phraſes d'un Auteur.

C'eſt ce qu'on appelle avoir de l'érudition.

Le Blaſon.

CHaque Royaume, chaque Ville, chaque Communauté, chaque Famille, a une marque particulière qu'on grave, qu'on brode, ou qu'on peint ſur ce qui leur appartient. Ces marques ſont connues ſous le nom d'armes ou armoiries.

L'Art héraldique ou le Blaſon, apprend à nommer en termes propres & particuliers, toutes les parties qui compoſent ces armoiries. Pour blaſonner les armes de France, par exemple, on dira qu'elles ſont *d'azur, à trois fleurs de lys d'or.*

La Botanique.

UNe partie des plus eſſentielles de l'Agriculture, & la plus utile à la Médecine, c'eſt ſans contredit la Botanique.

Nous connoiſſons environ ſix mille plantes. Un Botaniſte doit en diſtinguer les noms & les eſpèces, & doit ſur-tout ſçavoir quel eſt l'uſage de chacune de ces plantes.

La Botanique s'appelle auſſi la connoiſſance des Simples.

La Chymie.

LEs trois règnes de l'Hiſtoire Naturelle, ſont l'occupation de la Chymie. Elle diſtille les plantes pour en ſéparer le pur & l'impur ; elle travaille les métaux pour les rendre plus parfaits : différentes parties des animaux ſont auſſi miſes en œuvres par les Chymiſtes. Les opérations qui ne tendent qu'à la compoſition des Médicamens, appartiennent à la Pharmacie, qu'on appelle auſſi Apothicairerie & Pharmacopée.

La Chirurgie.

UN Chirurgien doit avoir une connoiſſance parfaite de l'Anatomie, pour réparer les accidens qui peuvent arriver à chaque partie du corps; il panſe les plaies; il redreſſe & rétablit les membres offenſés ou rompus. Toutes les opérations enfin qu'on eſt obligé de faire ſur le corps humain, ſont enſeignées par la Chirurgie.

Le Commerce.

SAns le Commerce nous manquerions de bien des choſes qui nous viennent des pays étrangers, & les étrangers manqueroient auſſi de tout ce qu'ils tirent de chez nous.

Acheter des étoffes, des meubles, des denrées dans tous les Pays, dans toutes les Villes du monde, & envoyer dans ces Pays & dans ces Villes, des marchandiſes pour y gagner, c'eſt faire le Commerce, c'eſt être dans le négoce. Les Banquiers commercent auſſi en argent, par le moyen de lettres de change.

La Critique.

IL ſemble qu'il ſoit aiſé de critiquer les actions, ou les ouvrages qui méritent de l'être; & rien ne demande plus d'art & de ménagement pour le faire, de façon que ceux mêmes qui ſont critiqués, ne puiſſent s'en plaindre.

La Critique eſt de tous les talens le plus dangereux , & l'on ne peut en éviter les inconvéniens , qu'en l'accompagnant de toute la politeſſe poſſible.

La Chronologie.

LEs événemens dont parle l'hiſtoire , ſont arrivés dans des tems différens , qu'il eſt important de retenir , pour ne pas les confondre. L'exactitude dans les citations qu'on fait de ces tems , ſe nomme Chronologie.

Un Chronologiſte ſçait dans quel tems la Ville de Rome a été bâtie , en quelle année Jeſus-Chriſt eſt mort ; quel jour Louis XV. fut ſacré Roi de France , & généralement les dates préciſes de chaque trait d'hiſtoire.

La Danſe.

TOut le monde connoît la Danſe ; on ſçait que c'eſt l'art de former au ſon des inſtrumens différens pas qui doivent toujours conſerver les graces de la belle nature.

Mais bien des gens ignorent que la Chorégraphie apprend à tracer & à diſtinguer ſur le papier , les différentes figures de toutes ſortes de Danſes & de Ballets les plus compoſés.

Le Deſſin.

NOus connoiſſons peu d'Arts qui puiſſent ſe paſſer du Deſſin ; tracer au crayon la vue d'une campagne , une figure , la façade d'une maiſon, d'un jardin, les fleurs d'une étoffe, eſt ce qu'on appelle deſſiner.

Il y a des Deſſinateurs qui ne travaillent que pour l'Architecture; les uns pour le païſage, & les autres pour l'ornement.

La Déclamation.

LEs diſcours compoſés ſelon les régles de la Rhétorique, ſe prononcent avec une exactitude, & un ton meſuré, qu'on nomme Déclamation. Un Orateur, (c'eſt le nom de ceux qui ſont ces diſcours,) doit avoir autant d'attention à prononcer qu'à compoſer. La Déclamation du Poëme Dramatique, eſt ce qu'on appelle jouer la Comédie. Réciter des vers comme ils doivent être récités, c'eſt auſſi déclamer.

Les bons Déclamateurs ſont rares.

Les différens Exercices.

L'Art de tirer des armes, eſt un exercice néceſſaire à un homme expoſé à attaquer & à ſe défendre l'épée à la main.

Pluſieurs Exercices ſont auſſi en uſage pour l'utilité & pour l'amuſement; ils ont chacun leurs règles particulières: tels ſont l'art de voltiger, la chaſſe aux chiens courans, la chaſſe aux oiſeaux de proie, la pêche, & beaucoup d'autres.

L'*Œconomie.*

LES détails qu'exigent les différentes nécessités de la vie, sont les détails de l'Œconomie. Un esprit œconome, persuadé que la plus belle œconomie est de donner le plus souvent que l'on peut, mais qu'il faut donner à propos, sçait régler sa dépense sans avarice & sans prodigalité.

L'*Ecriture.*

L'Ecriture trace par un certain nombre de caractères décidés tout ce que l'esprit peut penser; & comme dit un Poëte, l'Ecriture est l'art de peindre la parole, & de parler aux yeux. La forme différente qu'on donne aux lettres qui composent l'Ecriture, lui donne aussi différens noms. Nous avons l'Ecriture gothique, la bâtard ou italienne, la ronde, la françoise, la coulée ou financière, & la romaine.

La Fable.

LA Fable étoit la religion des Payens; ils adoroient plusieurs Dieux. La connoissance de ces faux Dieux, & de tout ce qui a quelque rapport avec eux, se nomme aussi Mythologie; il faut prendre garde de confondre la Fable avec les Fables, qui sont des petits contes qu'on récite. On appelle Fabuliste ceux qui font des Fables, & Mythologistes, ceux qui sçavent la Mythologie.

Les fausses Religions.

ON appelle Hérétiques ceux qui ne croyent pas dans tous les points, ce qu'ordonne de croire la Religion Catholique ; tels sont les Luthériens, les Calvinistes, & beaucoup d'autres.

Il y a des Religions absolument différentes de la nôtre. On a vu des Peuples adorer le soleil ; d'autres ont adoré des animaux. Enfin toute Religion qui n'est pas exactement Catholique, est une fausse Religion.

La Finance.

TOUS ceux qui font leur principal occupation de recevoir & de donner de l'argent, sont appellés gens de Finance. Les Receveurs lévent les sommes qni sont dues au Roi dans chaque Province de son Royaume ; & les Trésoriers payent par son ordre les différens Officiers qui le servent ; ce qu'il faut sçavoir pour réussir dans la distribution & le maniement de cet argent, est ce qu'on appelle Finance.

Les Fortifications.

POUR bien attaquer ou défendre uue Place, il faut en connoître le fort & le foible. L'étude des Fortifications qu'on appelle l'Atchitecture Militaire, donne cette connoissance, en enseignant à élever des remparts, des demi-lunes, & d'autres ouvrages qui puissent empêcher l'ennemi d'aborder. Les Ingénieurs sont ceux qui font une étude plus particulière des fortifications & des travaux nécessaires, pour se rendre maîtres d'une Ville fortifiée.

La Géographie.

La connoissance générale des parties qui composent le Monde, s'appelle Géographie. Pour donner cette connoissance, sans être obligé de parcourir des Pays immenses, les Géographes tracent sur des Cartes la situation & la forme de ces Pays. On distingue facilement sur les Cartes, les mers, les montagnes, les rivières, les Villes, & tout ce qui forme le Monde Terrestre.

La Géométrie.

Le traité le plus important des Mathématiques, & qui aide le plus à réussir dans l'étude des autres traités, c'est la Géométrie. Le bon Géométre mesure & divise par des régles certaines, tout ce qui se présente à la vue, & même à l'imagination.

Généalogie.

On ne doit point négliger de connoître le commencement, le progrès & les alliances des Familles illustres. Chaque Famille a sa Généalogie, c'est-à-dire, une suite connue de pères, grands-pères, bisayeuls, trisayeuls, *&c.* Louis XV. est fils de Louis, Duc de Bourgogne, qui avoit épousé Marie-Adélaïde de Savoye. Le Duc de Bourgogne étoit petit-fils de Louis XIV. Louis XIV. étoit fils de Louis XIII. c'est ainsi qu'un Généalogiste expose les degrés de parenté.

La Guerre.

DÉS qu'un Souverain a de justes raisons de se plaindre d'un autre Souverain, il lui déclare la guerre. Il envoie sur les terres de son ennemi un nombre considérable de troupes pour s'emparer des Villes qui sont sous son obéissance. L'Art de la Guerre est celui d'attaquer & de défendre ces Villes, & les chemins qui y conduisent : c'est la science d'un Général d'Armée, & de tous les Officiers qui servent sous ses ordres.

La Grammaire.

L'Assemblage des règles établies pour parler correctement une Langue, s'appelle Grammaire ; on dit qu'un homme est bon Grammairien, quand il parle bien sa langue. C'est dans la Grammaire qu'on apprend l'ortographe, qui est la principale partie de l'écriture. L'ortographe consiste à employer les lettres nécessaires pour former chaque mot, & n'en point mettre d'inutiles.

L'*Histoire.*

SAns les recherches des Hiſtoriens, nous ignorerions ce qui eſt arrivé depuis la création du monde, dans tous les Pays qui le compoſent. L'hiſtoire Univerſelle nous rappelle non-ſeulement ce qui s'eſt paſſé chez chaque Peuple, mais elle nous apprend encore les mœurs, les liaiſons, & les guerres que ces Peuples ont eues. Les Hiſtoires particulieres ſont celles qui ne parlent que d'un Pays ou d'un événement. Par exemple, la guerre de Troie, l'hiſtoire de France, les révolutions d'Irlande.

L'*Hiſtoire Naturelle.*

TOut ce que produit la nature, ſe diviſe en trois parties: le regne des animaux, des minéraux, & des végétaux.

Les hommes, les poiſſons, les oiſeaux, les inſectes, & généralement toutes les bêtes ſont du regne animal. Les arbres & les petites plantes ſont du regne végétal; tout ce qu'on trouve dans la terre, comme les pierres, les diamans, l'or, l'argent & les autres métaux, compoſent le regne minéral.

Quand on connoît ce que raſſemblent ces trois regnes, on ſçait l'Hiſtoire Naturelle.

La Jurisprudence.

LA Juriſprudence renferme tout ce qui ſert à rendre la juſtice ſelon les Loix. L'étude de cette ſcience eſt ce qu'on appelle l'étude du droit. Un Juge l'apprend pour punir les criminels, à proportion des crimes qu'ils ont commis, & pour juger les conteſtations des Plaideurs.

Un Avocat & un Procureur l'apprennent pour aider de leurs conſeils, & pour faire valoir les raiſons de ceux qui plaident. Un Notaire doit auſſi ſçavoir les Loix pour faire des actes qui y ſoient conformes.

Les Jeux.

PReſque tous les Jeux tiennent leurs premiers principes de l'Arithmétique ; & la plûpart tirent un grand avantage de la facilité de bien compter. On peut les diviſer en quatre eſpèces.

Jeux d'adreſſe, comme la Paume.

Jeux de cartes, comme le Piquet.

Jeux de dez, comme le Tric-trac.

Jeux de pure réflexion, comme les échecs.

On diſtingue auſſi les jeux de hazard, dont on nedevroit connoître que le danger.

La Religion.

ON entend par Religion la Religion Catholique, car il y en a de pluſieurs ſortes; la ſcience de la vraie Religion apprend à connoître la la grandeur & la bonté de Dieu, ce qu'il commande & ce qu'il défend.

Les Auteurs qui en traitent à fond, s'appellent Théologiens, & cette ſcience s'appelle Théologie.

Les Langues.

LES habitans des différens Pays du monde parlent un langage différent. Un Turc, par exemple, n'entend point ce qu'on dit, quand on parle François ou Italien, à moins qu'il n'ait étudié ces Langues. La ſcience des Langues s'apprend en parlant avec ceux qui les ſçavent, ou par le ſecours des règles.

On appelle Langues mortes celles qu'on ne parle plus chez aucun Peuple, & qui ſubſiſtent ſeulement dans les livres.

La Logique.

IL ne faut pas croire qu'on puiſſe raiſonner juſte ſans ſuivre les règles qui dirigent le raiſonnement. La Logique qu'on connoît pour la premiere partie de la Philoſophie, empêche le Logicien de s'égarer dans de fauſſes idées, & le conduit toujours par principes à la juſteſſe d'une déciſion ſolide. Les mots *Dialectique* & *Logique*, ſignifient la même choſe, & ſont ſynonymes.

Le Manége.

IL eſt très-important ſur tout à ceux qui ſont deſtinés à la guerre, de bien monter à cheval, de connoître les défauts, les beautés & les maladies des chevaux, de les dompter, & de les mener avec art. La façon de faire travailler un cheval, eſt ce qu'on appelle le Manége. Il y a pluſieurs ſortes de Manéges ; un bon Ecuyer les connoît toutes.

La Marine.

ON fait la guerre ſur mer preſque auſſi ſouvent que ſur terre. Pluſieurs Vaiſſeaux qu'on appelle une flotte, quand ils marchent enſemble, ſont chargés de ſoldats & d'artillerie pour combattre une flotte ennemie ; tout ce qui concerne la conſtruction, & la façon de conduire ces vaiſſeaux, s'appelle *la Marine* ou la Navigation.

Il y a des vaiſſeaux qui ne ſervent qu'à tranſporter des marchandiſes, ce ſont les vaiſſeaux marchands ; les autres ſont les vaiſſeaux de guerre.

Les Mathématiques.

LEs ſciences, qui dans leurs opérations obligent à employer des forces, à calculer ou à meſurer, ſont toutes réunies dans une ſeule ſcience, qu'on appelle les Mathématiques.

L'Arithmétique, par exemple, la Sphere, l'Architecture, sont trois traités qui en font partie. Les Mathématiques renferment jusqu'à cinquante traités différens ; mais il est presque impossible qu'un seul Mathématicien les sçache tous également bien.

Les Méchaniques.

L'Etude des Méchaniques nous fournit bien des secours dont on auroit de la peine à se passer. Le mouvement des poulies, la force des leviers, la justesse des horloges, la construction des voitures, & de toutes les machines qu'on emploie dans les Arts, est due aux différentes découvertes des Méchaniciens.

On joint ordinairement aux Méchaniques le traité de la Statique, par lequel on connoît l'usage des poids & contre-poids.

Les Médailles.

LEs Médailles sont des espèces de monnoies antiques ou modernes, qui représentent d'un côté la tête d'un homme illustre, & de l'autre quelque action d'éclat qui s'est passée pendant sa vie.

La date de chaque action est sur les Médailles ; ainsi, en rappellant les principaux traits de l'histoire, elles servent essentiellement à la justesse de la Chronologie. On appelle Antiquaires ceux qui s'attachent à la connoissance des Médailles,

Ils y joignent ordinairement la connoiſſance des ſtatues antiques, & des pierres gravées.

La Médecine.

QUand par l'uſage de l'Anatomie on connoît les fonctions de chaque partie du corps, il faut que la Médecine apprenne à connoître les remèdes qu'on peut apporter au dérangement de ces parties. Une trop grande chaleur cauſe-t-elle la fièvre ? Un Médecin ſçait ce qu'il faut pour la tempérer, & pour guérir enfin tous les maux auxquels le corps humain eſt ſujet.

La Métaphyſique.

LA derniere partie de la Philoſophie, eſt la Métaphyſique, & la plus difficile à apprendre & à approfondir. Un Métaphyſicien ne raiſonne jamais que ſur des ſujets purement ſpirituels ; il travaille ſans ceſſe à prouver des choſes dont on ne peut juger par les ſens, & dont il eſt quelquefois permis de douter.

Ainſi quand on dit qu'un raiſonnement eſt ſimplement Métaphyſique, c'eſt comme ſi l'on diſoit qu'on raiſonne ſans être appuyé ſur un fondement ſolide.

Le Monde.

AUcun Livre n'enſeigne l'uſage du Monde ; c'eſt la ſcience qui demande le plus de pratique, & dans laquelle preſque toutes les autres ſciences ſont inutiles. Railler avec diſcrétion, entendre raillerie, ne pas faire parade de ce qu'on ſçait, être poli, ſans affecter de l'être, & feindre de ne pas s'appercevoir du défaut de politeſſe qu'on pourroit trouver dans les autres. Voilà les principales règles qui doivent ſervir de conduite, pour réuſſir dans le monde.

La Morale.

LE vrai Philoſophe eſt celui qui ſçait ſe rendre maître de lui-même. Auſſi la Morale ou l'Art de conduire ſes actions, paſſe-t-elle pour la partie la plus utile de la Philoſophie : c'eſt elle qui donne des bornes aux paſſions, qui déracine le vice, & cultive la vertu. La Morale enfin eſt la ſcience des mœurs.

La Muſique.

LA Muſique enſeigne les règles de l'Harmonie, & c'eſt ce qu'on appelle compoſition. Elle enſeigne auſſi à rendre méthodiquement par le ſon de la voix, ou par le ſecours des inſtrumens, les différens tons qui forment l'Harmonie ; ainſi on la diviſe en Muſique vocale, & en Muſique inſtrumentale. La préciſion dans la meſure, eſt également néceſſaire aux deux genres de Muſique.

La Peinture.

QUand on met des couleurs ſur les figures qu'on a tracées, ce qu'on appelle deſſin ſe nomme alors Peinture. On distingue différens genres de Peinture. La Peinture à l'huile qu'on emploie pour les tableaux, la détrempe, & la fresque dont on se sert sur les plafonds & sur les murs; la migniature & l'émail pour les petits portraits; & enfin le pastel, qui n'est autre chose que des crayons de toutes sortes de couleurs.

La Physique.

RIen n'embarrasse un Physicien; il sçait tout ce qui se passe dans les quatre élémens: il sçait ce qui forme le tonnerre; ce qui cause la pluie; comment la terre produit des fruits; pourquoi le feu s'augmente à l'air; pourquoi il s'éteint quand il en manque. Il rend compte des effets de la lumiere; de la cause des couleurs; en un mot, toute la nature est approfondie dans la Physique, qui est la troisiéme partie de la Philosophie.

Le Poëme Epique.

LE récit que l'on fait en vers des avantures d'un Héros, ou des événemens d'une guerre, est ce qu'on appelle Poëme Epique. La différence du Poëme Epique au Dramatique, c'est que dans le Dramatique les Héros parlent, & dans l'Epique, le Poëte raconte ce qu'ils ont fait ou dit.

Les Avantures de Télémaque, par exemple, seroient un Poëme Epique, si elles étoient en vers.

Le Poëme Dramatique.

LE plus petit ouvrage de poësie, une chanson, par exemple, une fable, est un Poëme, il y en a de plusieurs sortes. On en compte environ quinze différens.

Le Poëme Dramatique est un des principaux ; on nomme Poëme Dramatique une tragédie ou une comédie. Les vers composés pour être mis en musique, tels que ceux des Opéra, sont appellés vers lyriques.

La Poësie.

LA Poësie est l'art de faire des vers, & l'on appelle Poëtes ceux qui y réussissent. Les vers sont des mots arrangés, dont on compte chaque syllabe, il y a des vers de différentes longueurs, mais ils finissent toujours par un mot qui rime, avec le dernier mot d'un autre vers.

Voici un exemple de quatre vers.

On me le dit du matin jusqu'au soir ;
Il est bien glorieux dans l'âge le plus tendre,
D'apprendre & de sçavoir ;
Mais pour sçavoir, il faut apprendre.

La Politique.

LA premiere science d'un Prince après la Religion, doit être la Politique. Elle lui enſeigne avec quelle dignité il faut ſe ménager l'amitié & le ſecours des Princes ſes voiſins; & avec quelle circonſpection il faut gouverner ſes Sujets. Des particuliers font auſſi une étude de cette ſcience, pour pouvoir juger avec connoiſſance de ce qui ſe paſſe dans toutes les Cours, & mériter le titre d'habiles dans les intérêts des Princes.

La Proſe.

ON écrit en proſe ou en vers. La Proſe eſt la façon ſimple, dont on parle dans la converſation, dans une lettre, dans la plûpart des livres : ce que je dis actuellement, eſt de la proſe. La tournure que chacun emploie en particulier pour s'exprimer, s'appelle ſtyle ; le meilleur eſt celui dont les phraſes ſont les plus naturelles. Une phraſe eſt une certaine quantité de mots liés enſemble, & qu'on met toujours entre deux points, ou deux virgules.

La Rhétorique.

L'Eloquence perſuade & touche ceux à qui l'on parle ; mais pour être éloquent, outre les règles de la Grammaire, il y a encore d'autres règles. Il ne ſuffit pas de placer ſans ordre ce qu'on veut dire : il faut compoſer ſon diſcours avec art. C'eſt la Rhétorique qui enſeigne cet art ; & l'on appelle Rhétoriciens ou Rhéteurs, ceux qui ſçavent en faire uſage.

Sçavoir par pratique.

LA seconde façon de sçavoir, est totalement différente de la Théorie. Un Jardinier taille un arbre avec succès par l'habitude qu'il a de tailler, & selon les avantages qu'il a reconnus d'une année à l'autre; mais ce Jardinier ne pénétre point les raisons qui l'ont fait réussir. L'habitude de travailler ainsi sans remonter aux principes, s'appelle la pratique; & pour être parfait dans quelque genre de science que ce soit, il faut réunir la science Théorique, & la science Pratique.

La Sphère.

IL faut toujours joindre à la science de la Géographie, celle de la Sphère. Elle enseigne à connoître le monde terrestre: on appelle monde céleste *le Ciel*, où l'on distingue le soleil, la lune, & les étoiles. C'est la Sphère qui représente le cours des astres; & pour faciliter l'étude de ces sciences, on dessine le Ciel & la Terre sur deux boules, qu'on nomme globe terrestre, & globe céleste.

La Sculpture.

POUR donner au bois, au marbre, & aux métaux des formes différentes, il faut, après les règles du dessin, sçavoir mettre en pratique la manœuvre, & les finesses de la sculpture. Une belle statuë, un vase bien coupé, un bas-relief, sculpté avec art, font autant d'honneur au Sculpteur, qu'un tableau parfait peut en faire à l'habile Peintre.

On a cru devoir placer ici les premiers Elémens de la Grammaire Françoise, qu'on ne sçauroit faire lire trop tôt aux Enfans.

LA Langue Françoise est composée de neuf sortes de mots, sçavoir : le Nom, l'Article, le Pronom, le Verbe, le Participe, l'Adverbe, la Préposition, la Conjonction & l'Interjection.

DU NOM.

Il y a deux sortes de Noms, le Nom substantif & le Nom adjectif.

DU NOM SUBSTANTIF.

Le Nom substantif est un mot qui nomme simplement une chose quelconque ; ainsi les mots *Soleil*, *Lune*, *Etoiles*, sont des Noms substantifs. Du Nom substantif.

DU NOM ADJECTIF.

Le Nom adjectif est un mot qui marque de quelle maniere est la chose nommée par le Nom substantif ; ainsi les mots *rond*, *ronde*, *brillant*, *brillante*, sont des Noms adjectifs. Du Nom adjectif.

Dans l'usage ordinaire, le Nom adjectif se joint presque toujours à un Nom substantif, pour marquer de quelle manière ou de quelle couleur est la chose nommée par le Nom substantif. Exempl. *Le Soleil est rond, la Lune est ronde, les Etoiles sont brillantes.*

Ce qu'on dit ici des choſes ſe dit auſſi des Perſonnes , & de tous les êtres en général. Exempl. *Voilà un brave homme , c'eſt une femme ſage , la vertu eſt aimable.*

DES GENRES.

Des Genres. La Langue Françoiſe n'a que deux genres, le maſculin qui déſigne le mâle , ou tout ce qui eſt du même genre, comme *l'homme*, *le ſoleil*, *le tems* , &c. & le féminin qui déſigne la femelle , ou tout ce qui eſt du même genre , comme *la femme* , *la lune* , *la terre* , &c.

DES NOMBRES.

Des Nombres. Il y a deux Nombres , le ſingulier quand on ne parle que d'une ſeule choſe ou d'une ſeule perſonne , comme quand on dit *l'homme* , *la femme* , *le Ciel* , *la terre* ; & le pluriel quand on parle de pluſieurs choſes , ou de pluſieurs perſonnes , comme quand on dit , *les hommes* , *les femmes* , *les Cieux* , *les terres*.

DES CAS.

Des Cas. Il y a ſix Cas ; le Nominatif , le Génitif , le Datif , l'Accuſatif , le Vocatif & l'Ablatif.

Ces ſix Cas ſervent à décliner les Noms ſubſtantifs par le moyen des Articles *le* , *la* , *les* ; *de* , *du* , *des* ; *a* , *au* , *aux* , dont on parlera au Chapitre ſuivant.

Exemple de déclinaiſon , tant au ſingulier qu'au pluriel.

Nom substantif masculin.

	SINGULIER.		PLURIEL.
N.	le Roi,		les Rois,
G.	du Roi,		des Rois,
D.	au Roi,		aux Rois,
Ac.	le Roi,		les Rois,
Voc.	ô Roi,		ô Rois,
Abl.	du Roi,		des Rois,
ou	par le Roi.	*ou*	par les Rois.

Nom substantif féminin.

	SING.		PLUR.
N.	la Reine,		les Reines,
G.	de la Reine,		des Reines,
D.	à la Reine,		aux Reines,
Ac.	la Reine,		les Reines,
Voc.	ô Reine,		ô Reines,
Abl.	de la Reine,		des Reines,
ou	par la Reine.	*ou*	par les Reines.

DES NOMS ADJECTIFS.

Les Noms adjectifs servent à comparer ensemble les Noms substantifs, & à former ce qu'on appelle degrés de comparaison. Exem. *Le Soleil est plus éclatant que la Lune*, ou *la Lune est moins éclatante que le Soleil.*

DES DEGRÉS DE COMPARAISON.

Degrés de Comparaison.

Il y a trois degrés de Comparaison, *c. à. d.* trois manieres de comparer ensemble les noms substantifs; sçavoir le positif, comme *grand*;

Positif.

Comparatif. le comparatif, comme *plus grand*; le superlatif, comme *très-grand*.
Superlatif.

EXEMPLES.

Aléxandre étoit un grand homme.
César étoit plus grand homme que Pompée.
Louis XIV, étoit un très-grand Roi.

Un Nom adjectif est encore au superlatif quand il y a *le* ou *la* devant *plus*, ou un de ces mots, *très*, *fort*, *extrêmement*, *infiniment*, *parfaitement*, *souverainement*, ainsi

le plus sçavant	*la plus sçavante*
très-sçavant	*très-sçavante*
fort aimable	*la plus aimable*
extrêmement poli	*le plus poli*
infiniment bon	*extraordinairement bon*
parfaitement heureux	*le plus heureux* *la plus heureuse*
souverainement juste	*le plus juste*

sont au superlatif.

Il y a des comparatifs & des superlatifs qui s'expriment en un seul mot; ces comparatifs sont, *meilleur*, *pire*, *moindre*.

meilleur signifie *plus bon*, qui n'est pas d'usage.
pire signifie *plus mauvais*
moindre signifie *plus petit.*

Les superlatifs qui s'expriment en un seul mot, sont, *Généralissime*, *Sérénissime*, *Révérendissime*.

Il y a des Noms adjectifs qui servent à compter ; ce sont, *un*, *deux*, *trois*, *quatre*, *cinq*, *six*, *sept*, *&c.* on les appelle noms de nombre absolus. Noms de nombre absolus.

Il y en a d'autres qui marquent l'ordre & le rang ; ce sont *le premier*, *la premiere*, *le second*, *le troisiéme*, *le quatriéme*, *&c.* tant pour le masculin que pour le féminin, le singulier & le pluriel : on les appelle Noms de nombre ordinaux. Noms de nombre ordinaux.

Il y a trois sortes de Noms substantifs, sçavoir les Noms *communs*, les Noms *propres* & les Noms *collectifs*. Trois sortes de noms substantifs.

Les Noms *communs* sont ceux qui désignent les espèces d'un même genre ; ainsi les mots *hommes*, *chevaux*, *bêtes*, sont des Noms substantifs *communs*, parce qu'ils désignent, Noms substantifs *communs*.

Le premier, tous les hommes,
Le second, tous les Chevaux,
Et le troisiéme, toutes les bêtes.

Les Noms propres sont ceux qui appartiennent à chaque homme en particulier ; comme *Aléxandre*, *Annibal*, *César*, *Louis XIV*. Noms substantifs *propres*.

Les Noms *Collectifs* sont ceux qui renferment en un seul mot plusieurs choses ou plusieurs personnes ; comme *la forêt*, *le Clergé*, *le Parlement*, *la Noblesse*, *la Cour*, *&c.* Noms substantifs *collectifs*.

Les Noms adjectifs sont des deux genres, ainsi ils ont deux terminaisons, l'une pour le masculin & l'autre pour le féminin ; comme, *beau*, *belle*, *grand*, *grande* ; au lieu que les Noms substantifs n'ont qu'une terminaison, & ne peuvent être que d'un genre, *le Ciel*, *la Terre*, *&c.*

Un Nom adjectif devient substantif quand il est précédé de *le* ; Exempl. *le beau*, c. à. d. *ce qui est beau* ; *le vrai*, c. à. d. *ce qui est vrai*, *&c.*

DE L'ARTICLE.

De l'Article.

Les Articles sont des petits mots qui se mettent avant les Noms substantifs pour en faire connoître le Genre, le Nombre & le Cas. Ainsi quand on dit *le Soleil*, *la Lune*, *les Etoiles*. *Le Soleil* est un Nom substantif du genre masculin singulier ; *la Lune* un Nom substantif du genre féminin singulier ; *les Etoiles* un Nom substantif du nombre pluriel, parce que l'Article *le*, désigne le genre masculin singulier ; l'Article *la* désigne le genre féminin singulier ; & l'Article *les*, désigne le pluriel, tantôt masculin, tantôt féminin.

Il y a neuf Articles sçavoir,

le, la, les,
de, du, des,
à, au aux,

Il y a des Noms substantifs qui ne prennent qu'un Article ; d'autres en prennent deux, d'autres trois.

Un

Un nom ſubſtantif du genre maſculin ne prend qu'un Article tant au ſingulier qu'au pluriel. Exemple de déclinaiſon.

	SING.	PLUR.
N.	le Ciel	les Cieux
G.	du Ciel	des Cieux
D.	au Ciel	aux Cieux
Ac.	le Ciel	les Cieux
Voc.	ô Ciel	ô Cieux
Abl.	du Ciel, *ou* par le Ciel	des Cieux, *ou* par les Cieux

Un Nom ſubſtantif du genre féminin a trois Cas où il prend deux Articles, mais ce n'eſt qu'au ſingulier. Exemple.

	SING.	PLUR.
N.	la terre	les terres
G.	de la terre	des terres
D.	à la terre	aux terres
Ac.	la terre	les terres
Voc.	ô terre	ô terres
Abl.	de la terre, *ou* par la terre	des terres, *ou* par les terres.

Exception.

Il y a des façons de parler où le Nom ſubſtantif maſculin prend deux Articles, & le féminin trois. Exemple.

N.	du pain	de la viande
G.	de pain	de viande
D.	a du pain	a de la viande

L'Article de l'accuſatif eſt ſemblable à celui

G

du nominatif, le genitif ſemblable à l'ablatif; l'article du vocatif n'eſt qu'une exclamation.

Quatre ſortes d'Articles.

Il y a quatre ſortes d'Articles, ſçavoir l'Article *defini*, l'Article *partitif*, l'Article *indéfini*, & l'article *un*, *une*.

Articles *définis*. *les, la, les*

Les Articles *définis* ſont *le*, *la*, *les*; on les appelle *définis*, parce qu'ils définiſſent & déterminent le genre & le nombre des Noms ſubſtantifs, & en déſignent toute l'eſpèce; par exemple, quand on dit *j'aime le pain, la viande, les fruits*; cela ſignifie, *j'aime tout ce qui eſt pain, viande, fruits*, &c.

Articles *partitifs*. *du, de, la, des.*

L'Article *partitif* au contraire n'exprime qu'une partie de la choſe dont on parle, ces Articles ſont *du*, *de la*, *des*; & quand on dit *du pain*, *de la viande*, *des fruits me feroient plaiſir*; cela ſignifie *un morceau de pain, de viande*, ou *quelques fruits* me feroient plaiſir.

On voit par ces exemples que le Nominarif de l'Article *partitif*, n'eſt autre choſe que le Genitif de l'Article *défini*. Exemple de déclinaiſon.

SINGULIER.

N.	du pain	du vin	de l'eau	de la viande
G.	de pain	de vin	d'eau	de viande
D.	à du pain,	à du vin,	à de l'eau,	à de la viande,
Ac	comme le Nominatif,			
Abl.	comme le Genitif.			

PLURIEL.

N.	des pains	des vins	des eaux	des viandes
G.	de pains	de vins	d'eaux	de viandes
D.	à des pains,	à des vins,	à des eaux,	à des viandes

Il n'y a que deux Articles indéfinis; ce ſont *de* & *a*; on les appelle indéfinis, parce qu'ils ne définiſſent ni le genre; ni le nombre des noms; ils ſe mettent indifféremment avant les noms maſculins ou féminins, avant les noms propres d'hommes, de Villes, de Provinces, avant le Nom de Dieu & des Saints, & avant les pronoms. Exem. pour les noms ſubſtantifs. Art. indéf. *de* & *a*.

N.	Dieu	Louis	Marie	Céſar	Paris
G.	de Dieu	de Louis	de Marie	de Céſar	de Paris
D.	à Dieu	à Louis	à Marie	à Céſar	à Paris

Exemples pour les pronoms.

N.	moi,	vous	lui	elle	eux	nous
G.	de moi	de vous	de lui	d'elle	d'eux	de nous
D.	à moi	à vous	à lui	à elle	à eux	à nous

Un, *une*, ſont Articles lorſqu'on peut mettre à leur place, *le*, ou *la*. Exemple, *un honnête homme doit aimer ſon Prince, l'Etat & la Religion; un* eſt Article dans cet Exemple, parce qu'on peut dire *l'honnête homme doit*, &c. *Une femme ſage doit tout ſacrifier à ſon honneur & à la vertu; une* eſt Article parce qu'on peut dire, *la femme qui eſt ſage doit*, &c. Art. *un*, *une*.

un, une adjectifs.

Un, une, sont adjectifs dans les Exemples suivans.

J'ai rencontré un *ami ce matin.*
Une *affaire importane me retient ici.*

Parce qu'on ne peut pas mettre les Articles *le* ou *le*, à la place de *un*, *une*, & dire *j'ai rencontré l'ami ce matin ; l'affaire importante me retient ici,*

DU PRONOM.

Un Pronom est un mot qui tient ordinairement la place d'un Nom substantif.

Il y en a de sept sortes ; sçavoir le Pronom personnel, le Pronom conjonctif, le Pronom possessif, le Pronom démonstratif, le Pronom relatif, le Pronom absolu, & le Pronom indéfini.

DES PRONOMS PERSONNELS.

Pronoms personnels.

Je, moi, tu, toi, il, toi, elle, nous, nous-mêmes, vous, vous-mêmes, ils, eux, elles, eux mêmes, elles-mêmes.

Les Pronoms personnels sont de petits mots qui représentent les personnes.

SING. *Je* ou *moi* représentent la premiere personne, c'est celle qui parle

EXEMPLE. Je *vous aime, aimés* moi.

tu ou toi représentent la seconde personne ; c'est celle à qui on parle.

EX. tu *t'afflige, console* toi.

il, lui ou *elle*, représentent la troisiéme personne ; c'est celle de qui on parle.

EX. *parlés* lui, il ou elle *répondra.*

PLUR. *nous* ou *nous-mêmes*, repréſentent la première perſonne au pluriel.

EXEMPLE. nous *devons faire notre bonheur* nous-mêmes.

vous ou *vous-mêmes* repréſentent la ſeconde perſonne au pluriel.

Ex. *il faut que vous veniés* vous-mêmes.

ils, *eux* ou *elles*, *eux-mêmes*, *elles-mêmes*, repréſentent la troiſiéme perſonne au pluriel.

Ex. ils *ou* elles *vous diront ce que j'ai fait.* eux-mêmes *ou* elles-mêmes *aſſurent cette vérité.*

Ces Pronoms ſe déclinent avec les deux Articles indéfinis *de* & *a*.

Les mots *ſoi* & *on*, repréſentent auſſi des perſonnes, & ſont mis au rang des Pronoms perſonnels.

Ex. *chacun doit penſer à* ſoi.
on *plaît toujours quand on aime.*

PRONOMS CONJONCTIFS.

Les Pronoms conjonctifs repréſentent tantôt les choſes, tantôt les perſonnes ; ils ſe trouvent toujours entre un Pronom perſonnel & un Verbe. Exemple, *je vous* le *rendrai*, ou *je vous* la *rendrai ; le* & *la* ſont Pronoms conjonctifs, & peuvent ſe rapporter à des choſes ou à des perſonnes.

La plûpart des Pronoms perſonnels peuvent

devenir conjonctifs à l'exception des Pronoms *je*, *tu*, *il*, parce que ces trois Pronoms sont toujours au commencement de la phrase.

EXEMPLES.

Pronoms conjonctifs. *me*, *nous*, *te*, *vous*; *je*, *le*, *la*, *les*, *lui*, *leur*, *en*, *y*,

Je vous *aime beaucoup*	vous Pronom conjonctif
je lui *parle souvent*	lui pron. conj.
il te *connoît à fond*	te pron. conj.
vous me *consolez un peu*	me pron. conj.
tu leur *diras de ma part*	leur pron. conj.
vous y *viendrez aussi*	y pron. conj.
nous nous *aimons beaucoup*	nous pron. conj.
nous le *sçavons*	le pron. conj.
ils les *ont reçus*	les pron. conj.
on vous l'a *dit*	la pron. conj.
nous en *avons encore*	en pron. conj.

On voit par ces différens Exemples, que le Pronom personnel est toujours le Nominatif du Verbe, & le Pronom conjonctif toujours le régime.

PRONOMS POSSESSIFS.

Deux sortes de Pronoms possessifs.

Les pronoms possessifs sont de petits mots qui désignent la personne qui possede la chose dont on parle: par Exemple quand on dit.

Les absolus & les relatifs.

mon habit, c'est comme si l'on disoit,	*l'habit de moi*
votre montre	*la montre de vous.*
son épée	*l'épée de lui*, &c.

Pronoms possessifs absolus.

Ainsi les trois Pronoms *mon*, *votre*, *son*, désignent les trois personnes *moi*, *vous lui.*

mon, ma, mes.	*mon chapeau*	*ma montre*	*mes gands*
ton, ta, tes.	*ton chapeau*	*ta maison*	*tes gens*
son, sa, ses.	*son argent*	*sa bourse*	*ses parens*
notre, votre, leur.	*notre Roi*	*votre bien*	*leur état*

Ces Pronoms s'appellent Pronoms possessifs absolus, parce qu'ils sont joints à un Nom substantif; il y en a d'autres qui se rapportent à un Nom substantif sans y être joints; on les appelle Pronoms possessifs relatifs.

Pronoms possessifs relatifs.

le mien, le tien, le sien. rendés moi le mien, garde le tien, chacun le sien,
la mienne, la tienne, la sienne. rendés-moi la mienne, garde la tienne, chacun la sienne,
le nôtre, le vôtre, le leur. rendés-moi le vôtre, gardés le vôtre, chacun le leur,
la nôtre, la vôtre, la leur, rendés nous la nôtre, gardés la vôtre, chacun la leur,

tant au singulier qu'au pluriel.

Il n'y a dans ces différens Exemples aucun Nom substantif exprimé; mais on sent bien qu'il est sous-entendu, & que tous ces Pronoms possessifs se rapportent à quelque chose.

PRONOMS DÉMONSTRATIFS.

Les Pronoms démonstratifs sont de petits mots qui servent à montrer la chose dont on parle; comme quand on dit :

ce Palais,	*cet Officier,*	*cette Compagnie.*
ce cheval,	*cet homme,*	*cette femme.*

ce, cet, cette, sont des Pronoms démonstratifs.

Pronoms démonstratifs.		Autres Exemples.		
	ce.	ce *Livre*	ce *Héros*	ce *Tableau*
	cet.	cet *oiseau*	cet *honneur*	cet *ameublement*
	cette.	cette *table*	cette *armoire*	cette *fenêtre*
	ces.	ces *enfans*	ces *animaux*	ces *arbres*
ceci	*cela.*	ceci *peut convenir*	*mais* cela *ne convient pas*	
celui-ci	*celui-là.*	celui-ci *a plû*	celui-là *ne plaît pas.*	
celle-ci	*celle-là.*	celle-ci *est aimable*	celle-là *ne l'est pas.*	
ceux-ci	*ceux-là.*	ceux-ci *écoutent*	ceux-là *n'écoutent pas*	

PRONOMS RELATIFS.

Pronoms relatifs. Les Pronoms relatifs ſont de petits mots qui ſe rapportent à un Nom ſubſtantif, & quelquefois à un Pronom; & voici quelques Exemples.

qui	*je connois la perſonne* qui *vous a écrit*
que	*j'ai vu la lettre* que *vous avez reçue*
quoi	*on ſçait préſentement à* quoi *s'en tenir*
dont	*voici le jeune homme* dont *je vous ai parlé.*
lequel	*c'eſt un ami pour* lequel *je m'intereſſe*
laquelle	*l'affaire ſur* laquelle *on vous a conſulté eſt finie.*
leſquels	*on connoît ceux pour* leſquels *vous vous intéreſſez*
leſquelles	*on connoît celles pour* leſquelles *vous ſollicitez*

Exemples de quelques relatifs qui ſe rapportent à des Pronoms.

Pour moi qui *vous connois, je vous eſtime.* celle que *vous venez de voir eſt aimable.*

PRONOMS ABSOLUS.

Les Pronoms abſolus ſont preſque les mêmes que les Pronoms relatifs; & on ne les appelle Pronoms abſolus. *abſolus* que quand ils ne ſont précédés d'aucun nom ſubſtantif. Exemples.

qui	qui *connoiſſez-vous ici?* c. a. d. quelle perſonne, &c.
que	que *demandez-vous?* c. a. d. quelle choſe, demandez-vous
quoi	à quoi *ou* dequoi *vous occupez-vous?*
quel	quel *homme protegez-vous?*
quelle	quelle *affaire avez-vous?*
lequel	lequel *aimez-vous?*
laquelle	laquelle *prenez-vous?*

On voit que le Pronom abſolu forme toujours une interrogation quand il n'eſt pas précédé d'un Verbe.

Quand il eſt précédé d'un Verbe, il ne forme plus d'interrogation. Exemple.

j'ignore qu'elle affaire vous amène à Paris.

Pronoms Indéfinis.

Les Pronoms indéfinis ſont des mots qui ne ſe rapportent directement à aucun Nom ſubſtantif exprimé ni ſous-entendus comme les autres Pronoms, en voici quelques Exemples.

Pronoms indéfinis.	
quiconque	quiconque *aime la vertu eſt heureux*
quelqu'un	quelqu'un *vous dira peut-être autrement*
chacnn	chacun *doit penſer à ſoi*
autrui	*il ne faut paint faire de mal à* autrui
perſonne	perſonne *ne m'a-t-il demandé aujourd'hui ?*
aucun	*de pluſieurs amis que j'avois, il ne m'en reſte* aucun
nul, nul autre	nul autre *que vous n'eût attendu ſi tard*
pas un, pas une,	pas un, pas une *ne m'a ſatisfait*
tel, telle	tel *ou* telle *devroit être plus circonſpect*
la plupart	la plupart *conviennent du fait*
tout le monde	tout le monde *vous connoît pour tel*
quique ce ſoit	qui que ce ſoit *qui me demande, je n'y ſuis pas*
quelque choſe que	quelque choſe que *vous faſſiez je vous le pardonne*
quoique	quoique *vous en diſiez, cela ne laiſſe pas d'être*
tout que	tout innocent que *vous êtes on vous accuſe*
tout homme	tout honnête homme *doit aimer ſon honneur*
l'un, l'autre *les unes, les autres*	*il faut s'aider* l'un l'autre *ou* les uns les autres

DU VERBE.

En général un Verbe est un mot qui exprime toutes les actions soit du corps, comme *marcher, se promener, &c.* soit du cœur, comme *aimer, hair, &c.* soit de l'esprit, comme *méditer, réfléchir, &c.*

Sans le Verbe, toutes les autres parties du discours seroient inutiles dans une Langue, & ne pourroient faire aucuns sens; c'est pour cela qu'on l'appelle, le mot par excellence.

Manière de connoître un *Verbe*. On connoît qu'un mot est un Verbe, lorsqu'on peut y joindre un des Pronoms personnels, *je, tu, il*, ainsi les mots *aimer, finir, recevoir, rendre*, sont des Verbes, parce qu'on peut dire

j'aime, tu aime, il aime.
je finis, tu finis, il finit.
je reçois, tu reçois, il reçoit.
je rends, tu rends, il rend.

Il y a quatre conjugaisons des Verbes:

4 conjug. des *Verbes* 1. conjug. en *er*. La première comprend les Verbes dont l'infinitif est terminé en *er*, ainsi *aimer, badiner, jouer, se promener, &c.* sont des Verbes de la première conjugaison.

2. conjug. en *ir*. La seconde comprend les Verbes dont l'infinitif est terminé en *ir*; ainsi *finir, mourir, partir, se réjouir, &c.* sont des Verbes de la seconde conjugaison.

3. conjug. en *oir*. La troisiéme comprend les Verbes dont l'infinitif est terminé en *oir*; ainsi *recevoir, pouvoir, appercevoir, concevoir, &c.* sont

des Verbes de la troisième conjugaison.

La quatrième comprend les Verbes dont l'infinitif est terminé en *re*, ainsi *rendre*, *prendre*, *rire*, *écrire*, *se plaindre*, &c. sont des Verbes de la quatrième conjugaison. 4 conjug. en *re*.

Pour conjuguer un Verbe, il faut sçavoir ce que c'est que *tems* & *modes*.

Il y a trois *tems*, qu'on appelle *tems naturels*, sçavoir, *le présent*, *le passé* & *le futur*. 3. *tems* naturels dans un *Verbe*.

Le présent est le *tems* où se fait quelque chose; comme, *j'aime*, *je finis*, *je reçois*, *je rends*. Le présent.

Le *passé* est le *tems* où s'est fait quelque chose; comme, *j'ai aimé*, *j'ai fini*, *j'ai reçu*, *j'ai rendu*. Le passé.

Le futur est le *tems* où se fera quelque chose; comme, *j'aimerai*, *je finirai*, *je recevrai*, *je rendrai*. Le futur.

Chacun de ces trois *tems* en renferme plusieurs autres, comme on le verra dans les quatre conjugaisons des Verbes.

Il y a deux Verbes qu'il faut sçavoir bien conjuguer avant que de passer à la conjugaison des autres; ces deux Verbes sont le Verbe *avoir*, & le Verbe *être*, qu'on appelle Verbes *auxiliaires*, parce qu'ils viennent pour ainsi dire au secours des autres Verbes, & qu'ils servent à en former les *tems* composés. *avoir*, & *être Verbes auxiliaires* & pourquoi.

Les *tems simples* d'un Verbe sont ceux qui ne consistent que dans un seul mot; comme,

j'aime, *j'aimerai*, *je finis*, *je finirai*.
je reçois, *je recevrai*, *je rends*, *je rendrai*.

Les *tems composés* d'un Verbe sont ceux qui sontcomposés dedeux ou de plusieurs mots comme *j'ai aimé, j'ai été aimé; j'ai reçu, j'ai été reçu.*

4 *modes* dans un Verbe. Il y a quatre *modes* dans un Verbe; sçavoir, *l'indicatif, l'impératif, le subjonctif, & l'infinitif.*

INDICATIF.

Un Verbe est au *mode* indicatif quand il ne dépend d'aucun autre mot; comme quand on dit, *j'aime* ou *j'aimerai l'étude.*

Ce mode a onze tems.

Voici la manière de le conjuguer, ainsi que tous les autres, tant au *masculin* qu'au *féminin*, au singulier & au pluriel.

PRÉSENT.

Singulier.

j'ai.	je suis	j'aime..	je finis.	je reçois..	je rends
tu as	tu es.	tu aime.	tu finis.	tu reçois..	tu rends
il a,	il est.	il aime.	il finit.	il reçoit.	il rend.
ou	*ou*	*ou*	*ou*	*ou*	*ou*
elle a	elle est.	elle aime.	elle finit.	elle reçoit.	elle rend.

Pluriel.

nous avons.	nous sommes.	nous aimons.	nous finissons.	nous recevons.	nous rendons.
vous avez	vous êtes.	vous aimez.	vous finissez.	vous recevez.	vous rendez.
ils *ou* elles ont.	ils *ou* elles sont.	ils *ou* elles. aiment	ils *ou* elles. finissent	ils *ou* elles. reçoivent.	ils *ou* elles. rendent.

IMPARFAIT.

j'avois.	j'étois.	j'aimois.	je finissois.	je recevois.	je rendois.

PRÉTÉRIT.

j'eus.	je fus.	j'aimai.	je finis.	je reçus.	je rendis.

PRETERIT INDÉFINI.

j'ai eu. j'ai été. j'ai aimé. j'ai fini. j'ai reçu. j'ai rendu.

PRETERIT ANTERIEUR.

j'eus eu. j'eus été. j'eus aimé. j'eus fini. j'eus recu. j'eus rendu.

PRETERIT ANTERIEUR INDÉFINI.

Les deux Verbes auxiliaires *n'en ont point.*

j'ai eu aimé. j'ai eu fini. j'ai eu reçu. j'ai eu rendu.

PLUSQUE-PARFAIT.

j'avois eu. j'avois été j'avois aimé. j'avois fini. j'avois reçu j'avois rendu.

FUTUR.

j'aurai. je ferai. j'aimerai. je finirai. je recevrai. je rendrai.

FUTUR PASSÉ.

j'aurai eu. j'aurai été. j'aurai aimé. j'aurai fini. j'aurai reçu. j'aurai rendu.

CONDITIONEL PRÉSENT.

j'aurois. je ferois. j'aimerois. je finirois. je recevrois. je rendrois.

CONDITIONNEL PASSÉ.

j'aurois eu. j'aurois été. j'aurois aimé. j'aurois fini. j'aurois reçu. j'aurois rendu.
ou j'eusse eu. *ou* j'eusse été. *ou* j'eusse aimé. *ou* j'eusse fini. *ou* j'eusse reçu. *ou* j'eusse rendu.

IMPÉRATIF.

Un Verbe est au *mode impératif* quand on commande à quelqu'un, ou quand on exhorte quelqu'un à faire quelque chose ; comme quand on dit, *aimés Dieu & la vérité.*

Un Verbe n'a point de premiere personne à l'impératif, parce qu'on ne se commande pas à soi-même.

Ce *mode* n'a que deux *tems*, le *présent* ; & le *futur* : parce qu'on commande soit pour qu'une chose se fasse présentement ou dans la suite.

Présent et Futur.

Singulier.

aies. sois. aime. finis. reçois. rends
qu'il ait qu'il soit qu'il aime qu'il finisse qu'il reçoive qu'il rende
ou *ou* *ou* *ou* *ou* *ou*
qu'elle ait. qu'elle soit. qu'elle aime. qu'elle finisse. qu'elle recoive. qu'elle rende.

Pluriel.

ayons. soyons aimons finissons. recevons. rendons.
ayez soyez. aimez. finissez. recevez. rendez.
qu'ils aient. qu'ils soient, qu'ils aiment. qu'ils finissent. qu'ils reçoivent. qu'ils rendent.
ou *ou* *ou* *ou* *ou* *ou*
qu'elles aient. qu'elles soient. qu'elles aiment. qu'elles finissent. qu'elles reçoivent. qu'elles rendent.

SUBJONCTIF.

Un Verbe est un *mode* subjonctif, quand il y a avant lui un autre Verbe auquel il est joint par la conjonction *que;* comme quand on dit: *il faut que je parte ; je suis charmé que vous soyez ici ; je serois fâché qu'il sortît* ou *qu'elle sortît.*

Ce *mode* n'a que quatre tems : voici la *manière* de le conjuguer.

Présent et Futur, semblables.

que j'aie. que je sois. que j'aime. que je finisse. que je reçoive. que je rende.

Imparfait.

que j'eusse. que je fusse. que j'aimasse. que je finisse. que je reçusse. que je rendisse.

Prétérit.

que j'aie eu. que j'aie été. que j'aie aimé. que j'aie fini. que j'aie reçu. que j'aie rendu.

Plus-Parfait.

que j'eusse eu. que j'eusse été. que j'eusse aimé. que j'eusse fini. que j'eusse reçu. que j'eusse rendu

INFINITIF.

Un Verbe est un mode Infinitif quand il est terminé ou en *er*, ou en *ir*, ou en *oir*, ou en *re*; ainsi *avoir*, *être*, *aimer*, *finir*, *recevoir*, *rendre*, sont des Verbes au *mode* Infinitif. Ce *mode* a sept *tems*.

PRÉSENT.

avoir. être. aimer. finir. recevoir. rendre.

PRÉTÉRIT.

avoir eu. avoir été. avoir aimé. avoir fini. avoir reçu. avoir rendu.

PARTICIPE, ACTIE, PRÉSENT.

ayant. étant. aimant. finissant. recevant. rendant.

PARTICIPE, ACTIF, PASSÉ.

ayant eu. ayant été. ayant aimé. ayant fini. ayant reçu. ayant rendu.

PARTICIPE, PASSIF, PRÉSENT.

eu.	été.	aimé,	fini,	reçu,	rendu,
		ou	*ou*	*ou*	*ou*
		étant aimé.	étant fini.	étant reçu.	étant rendu.

PARTICIPE, PASSIF, PASSÉ.

ayant été aimé. ayant été fini. ayant été reçu. ayant été rendu.

Les auxiliaires n'en ont point.

GERONDIF.

ayant,	étant,	*en* aimant.	*en* finissant,	*en* recevant,	*en* rendant;
		ou	*ou*	*ou*	*ou*
		aimant	finissant	recevant	rendant

DIVISION DES VERBES.

Il n'y a proprement que deux ſortes de Verbes, le Verbe ſubſtantif & le Verbe adjectif.

Le Verbe ſubſtantif marque *l'exiſtence*, & le Verbe adjectif marque la manière *d'exiſter*; ainſi *être* eſt le ſeul Verbe ſubſtantif, & tous les autres ſont des Verbes adjectifs, *aimer*, ſignifie *être aimant*; *étudier*, *être étudiant*; *&c.*

Il y a cinq ſortes de Verbes adjectifs; ſçavoir le *Verbe actif*, *le Verbe neutre*, *le Verbe paſſif*, *les Verbes réflèchis & réciproques & le Verbe imperſ.*

Verbe actif. Le Verbe actif eſt celui qui a un régime, c. a. d. après lequel on peut toujours mettre un de ces deux mots *quelqu'un* ou *quelque choſe*; ainſi *aimer*, *finir*, *recevoir*, *rendre*, ſont des Verbes actifs, parce qu'on peut dire:

aimer quelqu'un, *finir quelque choſe*,
recevoir quelqu'un, *rendte quelque choſe.*

Verbe neutre. Le Verbe neutre eſt un Verbe qui n'a point de régime, & après lequel on ne peut jamais mettre un de ces deux mots *quelqu'un* ou *quelque choſe*; ainſi *marcher*, *tomber*, ſont des Verbes neutres, parce qu'on ne peut pas dire *marcher quelqu'un*, *tomber quelque choſe.*

Il y a des Verbes neutres qui ſe conjuguent avec le tems ſimpl. du Verbe auxiliaire *avoir*, comme *dormir*, *diner*, *ſouper*; Exemples,

j'ai dormi,
j'ai diné,
j'ai ſoupé,

Et ainſi de pluſieurs autres.

Il

Il y en a d'autres qui ſe conjuguent avec les tems ſimples du Verbe auxiliaire *être*, comme *venir*, *arriver*, *tomber*; Exemples,

je ſuis venu,
je ſuis arrivé,
je ſuis tombé,

Et ainſi de pluſieurs autres.

Na. Pour accoutumer les enfans à cette différence eſſentielle, il en faut faire conjuguer pluſieurs.

Le Verbe paſſif eſt un Verbe après lequel on peut mettre un de ces deux mots *par quelqu'un*, ou *par quelque choſe*. Ce Verbe eſt ordinairement composé du Verbe auxiliaire *être*, joint à un Participe paſſé d'un Verbe actif; ainſi *être aimé*, *être affligé*, ſont des Verbes paſſifs, parce qu'on peut dire *être aimé par quelqu'un*, *être affligé par quelque choſe*. *Verbe Paſſif.*

Le Verbe paſſif ſuit la conjugaiſon du Verbe auxiliaire *être* dont il eſt formé; ce qui n'arrive que lorſqu'il ſe trouve joint au Participe paſſif *d'un Verbe actif*.

Un Verbe eſt réfléchi lorſqu'on peut y ajouter *ſoi-même* après l'infinitif; ainſi *ſe chagriner*, *s'amuſer*, *ſe conſoler*, ſont des Verbes réfléchis. *Verbe Réfléchi.*

Les Verbes réfléchis ſe conjuguent avec les Pronoms conjonctifs, *me*, *te*, *nous*, *vous*, *ſe*; il eſt aiſé d'en donner des Exempl.

Un Verbe eſt réciproque lorſqu'on peut ajouter le mot *enſemble*, ou le mot *récipro-* *Verbe Réciproque.*

quement après l'infinitif ; ainſi *ſe battre*, *ſe careſſer* &c. ſont des Verbes réciproques.

Ces Verbes ſe con'uguent comme le Verbe réfléchi avec les Pronoms conjonctifs, *me*, *te*, *nous*, *vous*, *ſe*.

Verbe Imperſonnel. Le Verbe imperſònnel eſt un Verbe qui n'a que la troiſième perſonne du ſingulier dans tous ſes tems, comme *il pleut*, *il grêle*, *il tonne*, *il y a*, *il faut*, *il importe*, *&c.*

il pleuvoit, *il a plu*, *il pleuvoit*, *&c.*

Régime du Verbe. On voit que ces Verbes ne peuvent avoir ni *première* ni *ſeconde perſonne*.

REGIME DU VERBE.

On appelle régime du Verbe le Nom ou le Pronom qui ſe trouve après le Verbe. Exempl. *aimer l'étude*, *revenir de la campagne.*

Il y a deux ſortes de régimes ; le régime direct, & le régime relatif.

Le régime direct eſt le Nom ou Pronom qui ſe trouve immédiatement après le Verbe : ainſi dans *aimer l'étude*, *l'étude* eſt le régime direct du Verbe *aimer*, parce qu'il n'eſt point ſéparé du Verbe.

Le régime relatif eſt le Nom ou le Pronom qui eſt ſéparé du Verbe par *de*, ou *a* ; ainſi dans *revenir de la campagne*, ou *aller à la campagne* ; *la campagne* eſt le régime relatif du Verbe *aller* ou *revenir*, parce qu'il eſt ſéparé du Verbe par *de*, & *a*.

DU PARTICIPE.

Le Participe eſt un mot formé d'un Verbe ainſi *aimant*, *finiſſant*, *recevant*, *rendant*; *aimé*, *fini*, *reçû*, *rendu*, ſont des Participes formés des Verbes *aimer*, *finir*, *recevoir*, *rendre*.

Diviſion des participes.

Il y a deux ſortes de Participes; le Participe actif, & le Participe paſſif.

Participe Actif.

Le Participe actif eſt celui qui exprime une action qui ſe fait; il eſt toujours terminé en *ant*, ainſi quand on dit *aimant l'étude*, *finiſſant un ouvrage*, *recevant une lettre*, *rendant ſervice*, &c. *aimant*, *finiſſant*, *recevant*, *rendant* ſont des Participes actifs.

Participe Paſſif.

Le Participe paſſif eſt celui qui exprime une action qui eſt faite. Ce Participe n'eſt jamais terminé en *ant*; ainſi quand on dit *un homme aimé*; *un ouvrage fini*; *un préſent reçû*; *un ſervice rendu*; *aimé*, *fini*, *reçû*, *rendu*, ſont des Participes paſſifs.

Le Participe actif ne ſe décline point; & l'on dit également *un jeune homme aimant l'étude*, *une demoiſelle aimant l'étude*, *des enfans liſant*, *des femmes liſant*.

Le Participe paſſif ne ſe décline point non plus, lorſqu'il eſt ſuivi d'un Nom ſubſtantif; comme dans ces Exemples; *j'ai fini mes affaires*; *nous avons reçû vos lettres*; mais il ſe décline lorſque le Nom ſubſtantif eſt avant le

Participe, & alors il faut les faire accorder enſemble en genre, & en nombre; & dire *mes affaires ſont finies; vos lettres ont été reçues; les ouvrages que j'avois commencés ſont finis, &c.*

On voit par-là que le Participe paſſif eſt déclinable comme les noms adjectifs; Ex. *je me ſuis réjoui*, ou *elles ſe ſont rejouies de votre bonheur. Les femmes ne ſont pas ſoumiſes aux mêmes peines dont les hommes ſont punis.*

Le Participe paſſif eſt indéclinable lorſqu'il eſt ſuivi du Nominatif de la phraſe; comme dans les exemples ſuivans.

J'ai reçû toutes les lettres que m'ont écrit mes amis; avez-vous vû la lettre que vous a écrit votre Pere?

Si le Nominatif étoit avant le Participe, il deviendroit déclinable, & il faudroit dire, *j'ai reçu les lettres que mes amis m'ont écrites; avez-vous vû la lettre que votre Pere vous a écrite?*

DU GERONDIF.

Du Gerondif.

Le Gerondif eſt un mot qui ſe termine en *ant* comme le Participe actif; & toute la différence qu'il y a entre ces deux mots, c'eſt qu'on peut toujours mettre *en* avant le Gerondif, ce qu'on ne peut pas faire avant le Participe; en voici un Exemple; *étudiant comme vous faites vous deviendrez ſçavant; étudiant,* eſt un Gerondif, parce qu'on peut dire *en étudiant comme vous faites*, *&c.*

Il faut cependant excepter de cette règle les Gerondifs *ayant* & *étant*, avant leſquels on ne peut jamais mettre *en*; il eſt aiſé d'en donner des Exemples.

DE L'ADVERBE.

L'Adverbe eſt un mot indéclinable qui ſe met auprès du Verbe pour marquer la maniére dont ſe fait l'action exprimée par le Verbe; comme quand on dit: *je vous aime tendrement; ſervez-moi fidélement; vivons chrétiennement. tendrement*, *fidelement*, *chrétiennement*, ſont des Adverbes: il y en a une infinité d'autres. *De l'Adverbe.*

Il y a deux ſortes d'Adverbes; les Adverbes ſimples, & les Adverbes composés.

Les Adverbes ſimples ſont ceux qui s'expriment en un ſeul mot; comme *tendrement*, *fidelement*, *chrétiennement.*

Les Adverbes composés ſont ceux qui ſont composés de pluſieurs mots; tels que ſont *ſans façon*, *tour-à-tour*, *&c. Agir ſans façon. Chanter tour-à-tour*, *&c.*

Manière de connoître les Adverbes.

Un mot eſt Adverbe quand il peut répondre à un de ces quatre mots; *quand? où? combien? comment?* Exemple;

Nous irons bien-tôt vous voir, & nous irons en voiture.

Dans cet Exemple *bien-tôt* eſt Adverbe parce qu'on peut dire *quand irons-nous? bien-tôt.*

En voiture eſt encore adverbe, parce qu'on peut dire, *comment irons-nous; en voiture.*

Autre Exempl. *les uns ſe placeront* devant, *& les autres* derrière; *devant* & *derrière* ſont des Adverbes, parce qu'on peut dire, *où nous placerons-nous? devant, derrière.*

Autre Exemple; *Nous ferons bonne Compagnie, & nous dépenſerons fort peu de choſe. Bonne Compagnie* eſt Adverbe, parce qu'on peut dire, *combien ſerons-nous? bonne Compagnie. Fort peu de choſe* eſt encore Adverbe parce qu'on peut dire; *Combien dépenſerons-nous? fort peu de choſe.*

DE LA PRÉPOSITION.

De la Prépoſition.

La Prépoſition eſt un mot indéclinable qui a toujours un Nom ſubſtantif ou un Pronom pour régime.

Il y a deux ſortes de Prépoſitions; les Prépoſitions ſimples, & les Prépoſitions compoſées.

Les Prépoſitions ſimples ſont celles qui s'expriment en un ſeul mot; comme *après*, *avec*, *dans*; Exemples;

Venez *après* l'Office. Dinez *avec* moi. Entrons *dans* la maiſon.

Les Prépoſitions compoſées ſont celles qui

ſont composées de pluſieurs mots; comme *en préſence de*, *par rapport à*, *vis-à-vis de &c.*

Exemples; *en préſence de* tout le monde. *Par rapport à vous. Vis-à-vis de* ma fenêtre.

Le mot *près* eſt une Prépoſition & indéclinable, lorſqu'il eſt terminé par une *s*; il ſignifie *ſur le point de*; Exemple, *votre ami eſt près d'arriver*; c. à. d. *ſur le point d'arriver*. *Près*, prépoſition.

Le mot *prêt* eſt Adjectif & indéclinable, lorſqu'il eſt terminé par un *t*, il ſignifie *diſpoſé à*. Exemples, *êtes vous prêt à partir*, ou *prête à partir?* c. à. d. *êtes vous diſpoſé à partir*, ou *diſpoſée à partir?* *Prêt*, adjectif.

On voit par-là que *près de mourir*, ſignifie *ſur le point de mourir*; & *prêt à mourir*, ſignifie *diſpoſé à mourir*.

Avant eſt Prépoſition quand il a un régime; comme dans *avant la fin du jour*. *Avant* prépoſition

Avant eſt Adverbe quand il n'a point de régime; comme dans *s'enfoncer trop avant*. *Avant*, Adverbe.

Devant eſt Prépoſition dans *marchez devant moi*, parce qu'il a le Pronom *moi* pour régime; mais il eſt Adverbe dans *je marcherai derrière & vous devant*, parce qu'ici il n'a point de régime. *Devant* prépoſition. *Devant* adverbe.

DE LA CONJONCTION.

Une Conjonction eſt un mot indéclinable qui ſert à lier enſemble les parties d'une *De la Conjonction.*

phrâſe ; tels ſont, *ſi*, *auſſi*, *quand*, *encore* ; *par conſéquent*, *quand bien même* ; & une infinité d'autres. Exemples, ſi *vous allez à la Campagne*, *j'irai* auſſi. *Je n'étois pas* encore *au logis* quand *vous y arrivâtes* ; ſi on ôte de ces deux phraſes les conjonctions *ſi*, *auſſi*, *quand*, *encore* ; il n'y aura plus aucuns ſens. Ainſi les conjonctions ſervent à lier les *mots*, & établiſſent le ſens des phrâſes.

Les conjonctions ſont ſimples ou composées : les ſimples ſont *ſi*, *auſſi*, *quand*, *encore*, *&c.* Les composées ſont *par conſéquent*, *quand bien même*, *c'eſt pour cela que*, *ni plus ni moins que*, & pluſieurs autres. en voici des Exemples.

> *Vous dites* que *vous voulez être ſçavant*, par conſéquent *vous deviez étudier.*
>
> *Il faut dire la vérité* quand bien même *elle ne vous ſeroit pas avantageuſe.*
>
> *Vous avez fait une belle action*, & c'eſt pour cela qu'*on vous eſtime.*
>
> *Je vous aime* ni plus ni moins que *ſi vous étiez mon frere.*

Que Conjonction

Que eſt conjonction lorſqu'il eſt au commencement ou au milieu d'une phrâſe, & qu'il ne peut pas ſe tourner par *lequel* ou *laquelle*, *leſquels* ou *leſquelles*. Exemples ; que *chacun prenne garde à ſoi*, ou *il faut* que *chacun prenne garde à ſoi*, *&c.*

Que dans ces Exemples ne ſe rapporte à aucun Nom ſubſtantif, & ne peut ſe tourner par *lequel*, *laquelle*, *leſquels*, *leſquelles*, *&c.*

Il y a quelques *Prépositions* qui deviennent *Conjonctions* lorsqu'elles se trouvent avant un Verbe à l'infinitif. Exempl. Loin de *blâmer votre conduite, je la loue. Il faut être honnête homme,* jusqu'à *sacrifier tout à la probité. On ne doit se reposer qu'*après *avoir travaillé. Il faut mériter* pour *obtenir. On ne doit blâmer personne* sans *l'entendre.*

Une Préposition peut devenir Conjonction.

On voit par ces différens Exemples que les mots *loin de, jusqu'à, après, pour, sans;* qui sont ordinairement *Prépositions* avant un Nom substantif ou un Pronom, deviennent ici *Conjonctions*, parce qu'ils sont avant des Verbes à l'infinitif.

DE L'INTERJECTION.

Une *Interjection* est un mot indéclinable dont on se sert pour exprimer les différens mouvemens de l'âme.

De l'Interjection.

Pour exprimer la joie on dit,	*ah-bon!*
Pour applaudir,	*fort bien!*
pour la peine ou le plaisir,	*tant pis, tant mieux!*
pour exprimer la douleur,	*hélas mon Dieu!*
pour exprimer l'aversion, le mépris,	*fi, fi donc!*
pour encourager,	*allons, courage!*
pour arrêter,	*tout beau, doucement!*
pour faire cesser,	*hola, assez!*
pour faire taire,	*paix, paix-là!*

Le ton de la voix distingue & détermine ordinairement le sens de *l'Interjection*; chacune doit avoir une infléxion particulière, ſuivant les différentes paſſions qui animent la perſonne qui parle.

DE LA PONCTUATION.

De la Ponctuation.

LA *Ponctuation* conſiſte à placer les Points & les Virgules de manière à établir le ſens & la clarté du diſcours écrit ou prononcé.

La *Ponctuation* eſt composée de ſix petits caractères dont voici les noms & la forme.

Caractères de Ponctuation.

La Virgule	,
le Point & la Virgule	;
les deux Points	:
le point ſeul	.
le Point d'Interrogation	?
le Point d'Admiration	!

Manière de placer la Virgule.

On place la Virgule à l'endroit de la phrâſe où l'on s'arrête pour reprendre haleine, quoique le ſens ne ſoit pas fini. Exemple tiré de l'Oraiſon funèbre de M. de Turenne, par M. Fléchier.

» Turenne meurt, tout ſe confond, la for-

» tune chancele, la Victoire se lasse, la Paix
» s'éloigne, l'Armée en deuil s'occupe à lui
» rendre les devoirs funèbres, &c.

On place encore la Virgule après les Noms de Dieu & les Saints; d'Arts, de Sciences; de Lieux, de Païs, des grands Hommes, &c. Exemples;

» Nous devons à Dieu, à la Sainte Vierge,
» à la Religion, l'hommage le plus sincère, &c.

» Les Enfans doivent apprendre de bonne
» heure l'Histoire, la Géographie, la Musi-
» que, les Langues vivantes, &c.

» Les quatre parties du Monde sont,
» l'Europe, l'Asie, l'Afrique, l'Amérique.

» Alexandre, César, &c. ont acquis moins
» de véritable gloire que Charlemagne,
» Saint Louis, &c.

Manière de placer le Point & la Virgule.

Le Point & la Virgule servent à séparer les différens membres d'une longue phrâse dont le sens complet dépend de différentes parties; en voici un Exemple tiré du même discours de M. Fléchier sur la mort de M. de Turenne.

» N'attendez pas, Messieurs, que j'ouvre
» ici une Scène Tragique; que je représente ce
» grand Homme étendu sur ses propres tro-
» phées, que je découvre ce Corps pâle & san-
» glant, auprès duquel fume encore la fou-

» dre qui l'a frappé; que je fasse crier son sang
» comme celui d'Abel, &c.

Autre exemple du même discours.

» Si M. de Turenne n'avoit sçu que com-
» battre & vaincre; si sa valeur & sa pru-
» dence n'avoient été animées d'un esprit de
» foi & de charité; je le mettrois au rang des
» Fabius & des Scipions.

Manière de placer les deux Points.

Les deux Points marquent un sens plus complet que le Point & la Virgule: on les met après une phrâse dont le sens est achevé; mais à laquelle on ajoute encore quelque chose pour l'éclaircir. En voici un Exemple.

Madame de Sévigné raconte dans une lettre à son Gendre la mort de M. de Turenne.

» C'est à vous que je m'adresse, mon cher
» Comte, pour vous écrire une des plus gran-
» des pertes qui pût arriver en France: c'est
» la mort de M. de Turenne.

Autre Exemple du même discours, par M. Fléchier.

» Dieu immole à sa souveraine grandeur de
» grandes victimes: & frappe, quand il lui
» plaît, les têtes illustres qu'il a couronnées.

Manière de placer le Point seul.

Le Point seul se met à la fin des phrâses

dont le ſens eſt complet & indépendant de toute autre phrâſe: en voici un Exemple.

C'eſt encore Madame de Sévigné qui écrit à ſon Gendre la mort de M. de Turenne.

» Je ſuis aſſurée que vous ſerez auſſi touché » & auſſi déſolé que nous le ſommes ici. Cette » nouvelle arriva Lundi à Verſailles. Le Roi » en a été affligé comme on doit l'être de la » perte du plus grand Capitaine, & du plus » honnête homme du Monde. Jamais un » homme n'a été regretté ſi ſincèrement. » Tout Paris étoit dans le trouble & dans » l'émotion. Chacun parloit & s'attroupoit » pour regretter ce Héros.

Manière de placer le Point d'Interrogation.

Le Point d'Interrogation ſe met à la fin d'une phrâſe qui exprime une Interrogation.

En voici un Exemple tiré de l'Ode à la Fortune, par M. Rouſſeau.

» Fortune, dont la main couronne
» Les forfaits les plus inouis,
» Du faux éclat qui t'environne,
» Serons-nous toujours éblouis?
» Juſques à quand, trompeuſe idole,
» D'un culte honteux & frivole
» Honorerons-nous tes Autels?
» Verra-t-on toujours tes caprices
» Conſacrés par les Sacrifices,
» Et par l'hommage des mortels?

Le Point d'Admiration ſe met à la fin d'une phrâſe qui exprime une exclamation.

En voici un Exemple tiré d'une des Odes ſacrées de M. Rouſſeau.

» O que tes Œuvres ſont belles !
» Grand Dieu ! quels ſont tes bienfaits !
» Que ceux qui te ſont fidèles
» Sous ton joug trouvent d'attraits ! &c.

Maniere de placer la Parentheſe.

Il y a encore un autre caractère double qu'on appelle Parentheſe, c'eſt une eſpéce de grand ( ) coupé en deux parties égales entre laquelle on met une petite phraſe qui a au moins un rapport indirect à la phraſe principale, en voici un exemple.

Il eſt une eſpéce d'Hommes (ſoit dit ſans offenſer perſonne) *qui ſacrifient quelquefois l'honneur & la vérité à l'intérêt.*

PROSODIE FRANÇOISE.

AVERTISSEMENT.

Pour mieux faire connoître aux Enfans les voyelles longues & celles qui ſont brèves, on a crû devoir leur mettre ſous les yeux un petit extrait du Traité qu'en a fait M. l'Abbé Dolivet. *C'eſt un Ouvrage neuf & précieux, qui devroit être entre les mains de tous ceux qui ont le goût de notre Langue.*

M. l'Abbé Dolivet, *diviſe les voyelles en longues, brèves & douteuſes; mais pour ne point embarraſſer les Enfans on ne les diviſe ici qu'en longues & brèves. On a marqué les longues par une petite ligne horiſontale —, & les brèves par une petite ligne courbe ᵕ, parce que ce ſont des ſignes de convention dans la Proſodie.*

A. Première lettre de notre Alphabet long

Un petit ā,
un grand ā,
une panſe d'ā,
il ne ſçait ni ā ni b,

A. long *dans*

ācre, āge, āgnus,
āme, āne, ānus,
āpre, &c.

A. *Prépoſition & Verbe* Bref

Je ſuis ă Paris,
j'écris ă Rome,
il ă été,
il ă parlé,

A. bref dans

ăpôtre, ăpprendre,
ăltéré, il aimă,
il chantă, &c.

---

*A*BE, long *dans*

Arābe, Aſtrolābe,

Bref *dans*

ſyllăbe, ſyllăbaire,

---

*A*BLE. long *dans*

cāble, diāble,
etāble, Fāble,
rāble, sāble,
on accāble, il hāble,

Bref *dans*

aimăble, capăble,
durăble, raiſonnăble,
tăble, étăble,

---

*A*BRE *toujours* long

cinābre, sābre,
il ſe cābre,
délābre, ſe cābre,

Ac,	*Toujours* bref Almanäc, bäc, säc, estomäc, tilläc, *les pluriels toujours* long.

Ace, long *dans*	Bref *dans*
espāce, grāce, on lāce, on délāce, on entrelāsse,	audäce, gläce, Préfäce, tenäce, voräce,

M. Despreaux ne connoissoit point sans doute cette délicatesse, lorsqu'il a fait rimer Préfäce avec grāce.

Un Auteur à genoux dans une humble Préfäce,
Au Lecteur qu'il ennuie a beau demander grāce.

Ache, long *dans*	Bref *dans*
lāche, gāche, tāche, se fācher, mācher, relācher, &c.	täche, moustäche, väche, Eustäche, il se cäche, &c.

Acle, *toujours* long,
rācle, Orācle,
mirācle, obstācle,
spectācle, Tabernācle,

ACRE, long *dans* ācre *piquant*, sācre *oiſeau*,	Bref *dans tous les autres mots*, ăcre *de terre*, Diăcre, năcre, săcre *du Roi*,
ADE,	*Toujours* bref aubăde, caſcăde, făde, ſerenăde, il perſuăde, &c.
ADRE, long *dans* cādre, Eſcādre, quādrer, encādrer, mādré,	Bref *dans* lădre,
AFE, APHE, AFRE,	*Toujours* bref carăffe, Epităphe, agrăffe, săffre, balăffre, &c.
AFLE, long *dans* rāfle, je rāfle, rāfler, crāfler,	

ÂGE, long *dans* āge,	Bref *dans* răge, păge,
AGNE, long *dans* je gāgne, gāgner,	Bref *dans* campăgne, escăgne,
AGUE,	Bref *dans* băgue, dăgue, văgue, extravăguer, &c.
AIGNE,	*Toujours* bref chatăigne, băigner, dăigne, săigner,
AIGRE, long *dans* māigre, māigreur,	Bref *dans* ăigre, vinăigre,
AIL,	Bref *dans* bercăil, détăil, évantăil, &c. *Les pluriels longs.*
AILLE, long *dans* Batāille, cāille, māille, rāiller, rimāiller, &c.	Bref *dans* médăille, émailler, travăiller, *& à l'indic.* je détăille je măille, je batăille,

*A*ILLET & *A*ILLIR,	*Toujours* bref măillet, păillet, jăillir, aſſaillir,
*A*ILLON, long *dans* bāillon, hāillon, penāillon, nous tāillons, &c.	Bref *dans* Batăillon, médăillon, émăillons détăillons, travăillons, &c.
*A*INE, long *dans* chāine, hāine, gāine, je trāine,	Bref *dans* fontăine, plăine, Capităine, hautaine, ſouverăine,
*A*IR, *A*IRE, longs *dans* une āire, Chāire, une pāire, il éclāire,	Bref *dans* lăir, chăir, éclăir, păir,
*A*IS, *A*ISE, *A*ISSE, *toujours* longs Palāis, plāiſe, cāiſſe, qu'il pāiſſe,	

Ait Aite, longs *dans*	Brefs *dans*
il plāit, il nāit,	atträit, il fäit,
il pāit, fāite, attrāits,	läit, parfäit,
parfāits, &c.	parfäite, reträite,

Al, Ale, Alle, longs *dans*	Bref *dans*
hāle, pāle, māle,	Royäl, bäl, moräl,
rāle, rāler, hālé,	cigäle, mäle,
pāleur, &c.	ſcandäle, &c.

Ame, Amme, longs *dans*	Bref *dans*
āme, infāme, blāme,	Däme, Epigrämme,
flāme, nous aimāmes,	eſtäme, räme,
nous chantāmes, *&*	enflämmer,
tous les Pret. en *ames.*	j'enflämme, &c.

Ane, Anne, longs *dans*	Bref *dans*
āne, crāne, les mānes,	cabäne, orgäne,
de la mānne, dāmner,	Orgäniſte, pänne,
condāmner, &c.	Pännetier,

Ape, *Appe*, longs *dans*	Bref *dans*
rāpe, rāpé, rāper,	Päpe, fräppe, frapper, sappe, säpper, &c.

Are, *Arre*, longs *dans* avare,	Bref *dans*
barbāre, bārre, bizārre, je m'égāre, Thiāre, bārreau, bārrière, lārron, cārrosse, cārriére,	avärice, barbärie, je m'egarois, &c.

Ave, long *dans*	Bref *dans*
Conclāve, entrāve, grāve, je pāve, &c.	Concläviste, grävier, aggräver, pävé, päveur, &c.

Eble, *Ebre*, *Ece*, longs *au pluriel*	Brefs *au singulier*
les Grēcs, les échēcs,	hiëble, funëbre, niëce, piëce,

*E*CHE, long *dans*	Bref *dans*
bēche, lēche, griēche, revēche, pēche, *fruit*, ou *l'action de prendre le poiſſon*,	Calĕche, flĕche, flammĕche, crĕche, sĕche, brĕche, pĕché, pĕcher,
ECLE, EDE, EDER,	Bref *dans*
	ſiĕcle, tiĕde, remĕde, cĕder, poſsĕder, &c.
EE,	*Toujours* bref *dans*
	liĕr, jouĕr, louĕr, nuĕr,
EE, *toujours* longs *à la fin des mots*	
penſée, aimée; *& ainſi des autres voyelles ſuivies d'un* e *muet*, liē, joiē nuē, &c.	
*E*F, *E*FFE, longs *dans*	Brefs *dans*
Chēfs, Grēffe, &c.	Chĕf, Brĕf, &c.

EFFLE, long *dans* nēfle,	Bref *dans* trĕffle,
EGE, EGLE, longs *dans* Collēge, ſacrilēge, ſiēge, &c.	Bref *dans* rĕgle, sĕigle, &c.
EGNE, EIGNE, longs *dans* Rēgne, douēgne, &c.	Bref *dans* pĕigne, enſĕigne, qu'il ſĕigne, &c.
EGRE, EGUE,	Bref *dans* allĕguer, bĕgue, collĕgue, intĕgre, nĕgre, &c.
EIL, EILLE, longs *dans* viēille, viēillard, viēilleſſe,	Bref *dans* àbĕille, ſolĕil, ſommĕille, &c.
EIN, EINT, longs *au pluriel* dépēints, deſſēins, ſerēins, &c.	Bref *dans* attĕint, dépĕint; deſſĕin, ſerĕin; &c.

EINE, long *dans* Rëine,	*Presque* bref *dans* pëine, vëine,

EINTE, *toujours* long atteinte, dépeinte, feinte, &c.

EITRE, long *dans* reitre,

ELE, ELLE, long *dans* zēle, poēle, frēle, pēle-mēle, il grēle, il mēle, il se fēle, &c.	Bref *dans* modële, fidële, immortëlle, rebëlle, &c.

EM, EN, longs *dans* Tēmple, exēmple, gēndre, prēndre, cimēnter, tēnter,	Bref *lorsque la consonne est redoublée comme dans* ëmmener, ënnemi, &c. *& à la fin des mots* itëm, amën, examën, hymën, Bethleëm,

*E*ME, long *dans*	Bref *dans*
apozēme, Baptēme, Crēme, mēme, Diadēme,	je sëme, tu sëme, il sëme, &c.
*E*NE, ENNE, longs *dans*	Bref *dans*
alēne, chēne, ſcēne, gēne, frēne, Athēnes, &c.	qu'il apprënne, ébënne, étrënne, phénomëne, qu'il prënne, &c.
*E*P, *E*PRE, *toujours* longs	Brefs *dans*
crēpe, guēpe, Vēpres, &c.	lëpre, lëpreux, &c.
*E*PTE, *E*PTRE,	*Toujours* brefs
	il accëpte, ſcëptre, ſpëctre, précëpte,
*E*QE, *E*QUE, longs, *dans*	Bref *dans*
Evēque, Archevēque,	Grëcque, Bibliothëque, obsëques, &c.

E R, long *dans*	Bref *dans*
amēr, enfēr, hivēr, vērd, legēr, &c.	Jupitĕr, Lucifĕr, cancĕr, clĕrc, chĕr, Eſtĕr, Magiſtĕr, &c.

E RE, long *dans*	Bref *dans*
chimēre, Pēre, il eſpēre, ſincēre, il ērre, pērruque, nous vērrons, &c.	chimĕrique, eſpĕrer, ſincĕrité, ĕrreur, ĕrrone, ĕrrata, &c.

E SE, long *dans*	Bref *dans*
il pēſe,	pĕſe-t'-il,

E SSE, long *dans*	Bref *dans*
Abēſſe, Profēſſe, Confēſſe, comprēſſe, on me prēſſe, exprēſſe, &c. cēſſe, lēſſe, &c.	carĕſſe, parĕſſe, tendrĕſſe, adrĕſſe,

---

E STE, *E* STRE,	Bref *dans*
	modĕſte, lĕſte, terrĕſtre, trimĕſtre, &c.

E T, long *dans*	Bref *dans*
Arrēt, bénēt, forēt, genēt, prēt, acquēt, apprēt, intérēt, tēt, prott , il ēſt, & dans les pluriels.	cadĕt, bidĕt, ſujĕt, hochĕt, marmouzĕt, &c.

E T E, long *dans*	Bref *dans*
bēte, fēte, honnēte, boēte, tempēte, quēté, arrēté, &c.	Prophĕte, Poĕte, comĕte, tablĕtte, houlĕtte, vous ĕtes,

E T R E, long *dans*	Bref *dans*
ētre, ancētre, ſalpētre, fenētre, Prētre, hētre, champētre, guētre, je me dépētre,	diamĕtre, il pénĕtre, lĕttre, mĕttre, &c.

E U L E, long *dans*	Bref *dans*
mēule, vēule, &c.	sĕule, guĕule, &c.

E U N E, long *dans*	Bref *dans*
jēune, *abſtinence*,	jĕune, *en parlant de la jeuneſſe.*

*E*URE, long *dans*	Bref *dans*
cette fille est majēure, *j'attends depuis une* hēure.	la majĕure, *une* hĕure *entière*,

*E*VRE, *toujours* long	Bref *dans*
Orphēvre, lēvre, chēvre, lēvre,	lĕvrette, chĕvrier, lĕvraut, chĕvreuil,

*I*DRE, long *dans*	Bref *dans*
hīdre, cīdre,	hĭdromel, & *partout ailleurs*,

*I*E, long *dans*	Bref *dans*
il crīe, il prīe, vīe, ſaīſie, &c.	crĭer, prĭer, &c.

*I*GE, long *dans*	Bref *dans*
tīge, prodīge, litīge, je m'oblīge, il s'afflīge, &c.	oblĭger, s'afflĭger, &c.

Ile, long *dans* île, & presqu'île, &c.	Bref *partout ailleurs*,
Ire, long *dans* Empīre, Sīre, écrīre, il soupīre, désīre,	Bref *dans* soupĭrer, désĭrer, &c.
Ite, long *dans* bénīte, gīte, régītre, vīte, &c.	Bref *dans* Bénĭtier, tĭtre, arbĭtrage, &c.
Ive, *Ivre*, longs *dans* tardīve, captīve, juīve, vīvre, īvre, &c.	Brefs *dans* captĭver, captĭvité, ĭvresse, &c.
O, long *dans* ōser, ōsier, ōter, hōte, &c.	Bref *partout ailleurs*, *& au commencement les mots*, Hŏtel, Hŏtellerie,
Obe long *dans* Glōbe, lōbe, &c.	Bref *dans* Glŏbule, *& partout ailleurs*.

ODE, long *dans*	Bref *dans*
rōder, je rōde,	mŏde, antipŏde,

OGE, long *dans le seul mot*	Bref *dans*
le Dōge,	élŏge, horlŏge,
	dérŏger, & *partout ailleurs*,

OGNE, long *dans*	Bref *dans*
je rōgne.	trŏgne, Bourgŏgne,
	& *partout ailleurs*,

OIENT, long *au pluriel*	Bref *au singulier*
ils avōient,	il avŏit,
ils chantōient,	il chantŏit,

OIN, long *dans*	Bref *dans*
ōint, mōins,	lŏin, besŏin, mŏins,
jōindre, pōinte,	jŏinture, appŏinté,

OIR, OIRE, longs *dans*	Bref *dans*
bōire, glōire,	espŏir, terrŏir,
Histōire, mémōire,	territŏire, écritŏire,

OIS,

Ois, toujours long *à la fin d'un mot,*	Bref *dans*
Anglōis, Bourgeōis, Françōis,	Bourgeŏiſie, fŏiſon, fŏiſonner,

---

Ole, long *dans*	Bref *dans*
drōle, géōle, mōle, Contrōle, rōle, il enjōle, il enrōle, il vōle.	Géŏlier, Contrŏleur, rŏlet, il vŏle, &c.

Om, On, longs *lorſque l'*m, *ou l'*n *n'eſt pas rédoublée, comme dans*	Brefs *lorſque l'*m *ou l'*n *eſt redoublée comme dans*
bōmbe, cōnte, Mōnde, &c.	sŏmmeil, cŏnnoître, mŏnnoie, je sŏnnois, &c.

One, Ome, longs *dans*	Brefs *lorſque la conſonne eſt redoublée,*
atōme, axiōme, Amazōne, Prōne, aumōne, &c.	sŏmme pŏmme, consŏnne, Courŏnne, &c.

O R, *O* R E, longs *dans*	Bref *dans*
encōre, hōrs, cōrps, pécōre, je décōre, elle s'évapōre, éclōre,	encŏre, décŏre, évapŏre, &c.

O T, long *dans*	Bref *dans*
dépōt, impôt, entrepōt, rōt, tōt, Prévōt, Prévōté,	despŏte, impŏtent, dépŏté, rŏti, tŏtal, Prévôtal,

O T E, long *dans*	Bref *lorsque la consonne est redoublée.*
cōte, cōté, hōte, j'ōte, maltōtier, nōta, maltōte,	hŏtte, cŏtte, & *dans les mots* flŏte, nŏte, mŏtet, &c.

O T R E, long *avec l'accent circonflexe,*	Bref *lorsqu'il n'a point d'accent,*
le nôtre, le vôtre, Apôtre.	nŏtre ami, vŏtre affaire,

O U D R E, long *dans*	Bref *dans*
pōudre, mōudre, resōudre, il lōue, rōue,	pŏudre, mŏulu, lŏué, rŏué, &c.

OUILLE, long *dans*	Bref *dans*
rōuille, j'embrōuille, il débrōuille, &c.	rŏuille, brŏuillon, brŏuillard, &c.

OURE, long *dans*	Bref *dans*
de la bōurre, il bōurre, il fōurre, qu'il cōurre, &c.	bŏurrade, cŏurrier, rembourré, &c.

OUSSE, long *dans*	Bref *dans*
pōuſſer, je pōuſſe, &c.	tŏuſſer, je tŏuſſe, cŏuſſin, &c.

OUTE, long *dans*	Bref *dans*
jōute, je gōute, crōute, vōute, il ſe dégōute,	ajŏuter, cŏuter, cŏuteau, il dégŏute,

OUTRE, long *dans*	Bref *dans*
cōutre, pōutre,	ŏutré, ŏutrance, *& partout ailleurs*,

*U*CHE, long *dans*	Bref *dans*
būche, embūche, on débūche, &c.	bŭcher, bŭcheron, débŭcher, &c.
*U*E, *toujours* long	*Presque* bref *dans le seul mot*
vūe, cohūe, tortūe, on diſtribūe, &c.	écŭelle,
*U*GE, long *dans*	Bref *dans*
délūge, refūge, Jūge, ils jūgent,	jŭger, refŭgier, &c.
*U*LE, long *dans*	Bref *dans*
brūler, je brūle,	Bŭle, mŭle, &c.
*U*M, *U*ME, *U*N, *U*NE, } longs *dans*	Bref *dans*
hūmble, j'emprūnte, parfūns, brūns, nous reçūmes, nous ne pūmes, &c.	hŭmblement, parfŭmé, brŭne, petŭn, petŭne, ŭn, ŭne, dŭnes, hŭnes,

*U*RE, long *dans*	Bref *dans*
augūre, parjūre, on aſſūre, &c.	aŭgŭrer, parjŭrer, aſſŭrer, &c.

---

*U*SE, *toujours* long	Bref *dans*
excūſe, je recūſe, mūſe, rūſe, inclūſe, &c.	excŭſer, récŭſer, refŭſer, &c.

---

*U*SSE, long *dans*	*U*CE, bref *dans*
je pūſſe, je connūſſe, ils accoūruſſent, &c.	aumŭce, aſtŭce, pŭce, &c.

---

*U*T, long *dans tous les verbes au ſubjonctif*,	Bref *dans tous les verbes à l'indicatif*,
qu'il fūt, qu'il mourūt, *& dans le ſeul mot* fūt, *tonneau*, &c.	il fŭt, il mourŭt, *& dans les ſubſtant.* affŭt, ſcorbŭt, &c.

AVIS AUX MAISTRES.

L'Allégorie du P. Brumoi sur l'Éducation, doit être la règle de la conduite des meilleurs Maîtres. Il compare le Maître d'Éducation à un Oiseleur, & les Enfans aux Oiseaux qu'on instruit. Il n'y a pas un trait dans toute la Pièce qui ne justifie la justesse de la comparaison. Il adresse la parole à un Maître.

VOUS faites apprentissage
Dans le métier d'Oiseleur ;
Ce n'est pas un badinage,
Et cet Art veut un Docteur.

OISEAUX d'espèce diverse
Vont exiger votre soin ;
Souffrez que je vous exerce,
Et vous prépare de loin.

LES Oiseaux que l'on cajole
Négligemment & sans Art,
Pour fruit de ce soin frivole,
Chantent souvent au hazard.

CET exercice pénible
Exige un talent heureux ;
Devenez, s'il est possible,
Oiseau vous-même avec eux.

CONNOISSEZ le caractère
De vos tendres Nourrissons ;
L'Oiseleur qui veut bien faire
Y conforme ses Leçons.

CRAINT, si vous le voulez être,
Gagnez pourtant leur amour ;
Ils sçavent trop vous connoître
Et vous haïr à leur tour.

PAR un éclatant ramage
Ne vous laissez point frapper ;
Qui juge par le plumage
Est sujet à se tromper.

POINT d'injuste préférence,
Elle produit des jaloux :
Entre eux nulle différence,
Il sont tous égaux pour vous.

VOUS en verrez de volage,
Fixez les adroitement :
Vous en verrez de sauvages,
Corrigez-les doucement.

MAIS par un air trop sevère
N'aigrissez point leur humeur ;
Il faut tempèrer en Père
La crainte par la douceur.

Il eſt une heureuſe adreſſe
De faire goûter ſes Loix :
N'armez jamais de rudeſſe
L'air, le geſte, ni la voix.

Sur l'Oiſeleur quoiqu'il faſſe
Le jeune Oiſeau ſe conduit ;
Et l'humeur du Maître paſſe
Dans l'Elève qu'il inſtruit.

Un Oiſeau dans l'eſclavage,
Regrette ſa liberté ;
Pour lui faire aimer ſa cage
Il veut être un peu flatté.

Qu'un eſprit doux & ſincère
Se prète à tous leurs beſoins ;
Vous leur tenez lieu de Mére,
Vous leur en devez les ſoins.

Par un trop long exercice
N'effraïez pas vos Oiſeaux ;
Que votre Leçon muriſſe
Dans leurs débiles cerveaux.

La Leçon pour être utile
Doit leur plaire en s'apprenant ;
Et jamais un Maître habile
N'inſtruira qu'en badinant.

Faites leur aimer la gloire
En des combats innocens;
Récompensez la victoire
De leurs timides accens.

Une foible récompense
Animera leur effort:
D'un Elève qui commence,
Louez jusqu'au moindre effort.

Frustré de votre espérance,
Ne vous rebutez jamais:
Le tems, la persévérance,
Amèneront le succès.

Peut-être plein de colere
Briserez-vous vos Pipeaux;
Mais tel qui vous désespère
Peut répondre à vos travaux.

Apprenez que cet Etude
Où votre esprit s'est fixé,
Est des emplois le plus rude,
Et le moins récompensé.

Mais du Public avantage
Si votre cœur est épris,
Songez, Tircis, que le Sage
L'achette même à ce prix.

LA BELLE ÉDUCATION,

Par M. DE FÉNELON, *Archevêque de Cambrai.*

RENDÉS au Créateur ce que l'on doit lui rendre.
Réfléchissés avant que de rien entreprendre.

POINT de Société qu'avec d'honnêtes gens;
Et ne vous enflés pas de vos heureux talens.

CONFORMÉS-vous souvent aux sentimens des autres;
N'exigés que très-peu qu'on se conforme aux vôtres.

FAITES attention à tout ce qu'on vous dit;
N'affectés point surtout de montrer trop d'esprit.

N'ENTRETENÉS personne au-delà de sa Sphère;
Taisés-vous, ou tâchés d'être toujours sincère.

TENÉS votre parole inviolablement.
Ne vous engagés pas inconsidérément.

SOYÉS officieux, complaisant, doux, affable:
Toujours d'égale humeur, accessible, traitable.

DANS votre politesse ayés un air aisé ;
Ne décidés de rien qu'aprés l'avoir pesé.

AIMÉS sans intérêt, pardonnés sans foiblesse.
S'il faut être soumis, soyés le sans bassesse.

CULTIVÉS avec soin l'amitié de chacun ;
A l'égard des Procès, n'en intentés aucun.

SOYÉS peu curieux des affaires des autres,
Et sans rien affecter, cachés toujours les vôtres.

PRETÉS de bonne grace, avec discernement ;
S'il faut récompenser, faites le sagement.

ET de quelque façon que vous puissiés paroître,
Que ce soit sans éclat, & sans vous méconnoître.

COMPATISSÉS toujours aux disgraces d'autrui ;
Suportés les défauts, soyés fidele ami.

SURMONTÉS les chagrins où l'esprit s'abandonne,
Et ne les faites point réjaillir sur personne.

OU la discorde règne, apportés-y la paix :
Ne vous vangés jamais qu'à force de bienfaits.

REPRENÉS sans aigreur, loués sans flatterie ;
Riés passablement, entendés raillerie.

ESTIMÉS tout le monde en sa profession,
Et ne critiqués rien par ostentation.

Ne reprochés jamais les plaisirs que vous faites,
Et mettés les au rang des affaires secrettes.

Prévenés les besoins d'un ami malheureux;
Sans prodigalité rendés-vous généreux.

Moderés les transports d'une bîle naissante,
Et ne parlés qu'en bien d'une personne absente.

Fuyés l'ingratitude, & vivés sobrement;
Joués pour le plaisir, & perdés noblement.

Parlés peu, pensés bien, & ne trompés personne,
Et faites toujours cas de ce que l'on vous donne.

Ne tirannisés point vos pauvres Débiteurs:
A personne, en un mot, ne montrés de hauteurs.

Ne divulgués jamais ce que l'on vous confie.
Au bonheur du Prochain ne portés point envie.

Ne vous vantés de rien, gardés votre secret.
Après quoi mettés-vous au-dessus du caquet.

TABLE DES MATIERES.

Fin de la Table.

APPROBATION.

J'Ai lû par ordre de Monseigneur le Chancelier, un Livre imprimé, qui a pour titre, *Les vrais principes de la Lecture, de l'Ortographe & de la prononciation Françoise, &c.* A Paris, ce 18 Décembre 1761. *Signé*, P. GERMAIN.

PRIVILEGE DU ROI.

LOUIS PAR LA GRACE DE DIEU, ROI DE FRANCE ET DE NAVARRE : A nos amés & féaux Conseillers les Gens tenans nos Cours de Parlement, Maîtres des Requêtes ordinaires de notre Hôtel, Grand-Conseil, Prevôt de Paris, Baillifs, Sénéchaux, leurs Lieutenans Civils, & autres nos Justiciers qu'il appartiendra : SALUT. Notre amé le Sieur VIARD, Nous a fait exposer qu'il désireroit faire réimprimer & donner au Public un Livre qui a pour titre : *Les vrais Principes de la Lecture, de l'Ortographe & de la Prononciation Françoise, de la composition dudit Sieur* VIARD, s'il Nous plaisoit lui accorder nos Lettres de Privilege pour ce nécessaires. A CES CAUSES, voulant favorablement traiter l'Exposant, Nous lui avons permis & permettons par ces Présentes, de faire réimprimer ledit Livre autant de fois que bon lui semblera, & de le faire vendre & débiter par tout notre Royaume, *pendant le tems de six années consécutives*, à compter du jour de la date des Présentes. *Faisons défenses à tous Imprimeurs, Libraires, & autres personnes de quelque qualité & condition qu'elles soient, d'en introduire de réimpression étrangere dans aucun lieu de notre obéissance. Comme aussi de réimprimer ou faire réimprimer ledit Livre, le vendre, faire vendre, débiter, ni contrefaire, ni d'en faire aucun extrait sous quelque prétexte que ce puisse être, sans la permission expresse & par écrit dudit Exposant ou de ceux qui auront droit de lui, à peine de de confiscation des Exemplaires contrefaits, de trois mille livres d'amende contre chacun des contrevenans*, dont un tiers à Nous, un tiers à l'Hôtel Dieu de Paris & l'autre tiers audit Exposant ou de ceux qui auront droit de lui, & de tous dépens, dommages & intérêts ; A la charge que ces Présentes seront enregistrées tout au long sur le Registre de la Communauté des Imprimeurs & Libraires de Paris, dans trois mois de la date d'icelles ; que la réimpression dudit Livre sera faite dans notre Royaume, & non ailleurs, en bon papier & beaux caracteres, conformément à la feuille imprimée, attachée pour modele sous le contre scel des Présentes : que l'Impétrant se conformera en tout aux Réglemens de la Librairie, & notamment à celui du 10 Avril 1725. qu'avant de l'exposer en vente, l'Imprimé qui aura servi de copie à la réimpression dudit Livre, sera remis dans le même état où l'Approbation y aura été donnée, ès mains de notre très-cher & féal Chevalier Chancelier de France, le Sieur DE LAMOIGNON, & qu'il en sera ensuite remis deux exemplaires dans notre Bibliothéque publique, un dans celle de notre Château du Louvre, un dans celle dudit Sieur DE LAMOIGNON, & un dans celle de notre très-cher & féal Chevalier Gardes des Sceaux de France, le Sieur FEYDEAU DE BROU, le tout à peine de nullité des Présentes ; du contenu desquelles vous mandons & enjoignons de faire jouir ledit Exposant & ses ayans cause, pleinement & paisiblement, sans souffrir qu'il leur soit fait aucun trouble ou empêchement. Voulons que la copie des Présentes, qui sera imprimée tout au long au commencement ou à la fin dudit Livre, soit tenue pour dûment signifiée & qu'aux Copies collationnées par l'un de nos amés & féaux Conseillers-Secrétaires, foi soit ajoutée comme à l'Original. Commandons au premier notre Huissier ou Sergent sur ce requis, de faire pour l'exécution d'icelles tous actes requis & nécessaires, sans demander autre permission, & nonobstant clameur de Haro, Chartre Normande & Lettres à ce contraire. CAR tel est notre plaisir. DONNÉ à Paris le neuvieme jour du mois de Février, l'an de grace mil sept cent soixante-trois, & de notre Regne le quarante-huitieme. Par le Roi en son Conseil. *Signé*, LEBEGUE.

Registré sur le Registre XV. de la Chambre Royale & Syndicale des Libraires & Imprimeurs de Paris, N°. 892. fol. 406. conformément au Réglement de 1723, qui fait défenses, article 41, à toutes personnes de quelques qualités & conditions qu'elles soient, autres que les Libraires & Imprimeurs de vendre, débiter, faire afficher aucuns Livres pour les vendre en leurs noms, soit qu'ils s'en disent les Auteurs ou autrement, & à la charge de fournir à la susdite Chambre neuf Exemplaires prescrits par l'article 108 du même Réglement. A Paris, ce 29 Mars 1763.

Signé LE BRETON, *Syndic.*

www.ingramcontent.com/pod-product-compliance
Ingram Content Group UK Ltd.
Pitfield, Milton Keynes, MK11 3LW, UK
UKHW022107260726
13993UKWH00001B/358

9 782329 165868